Glantz-Zeiten

Bibliografische Information Der **Deutschen Bibliothek**

Die Deutsche Bibliothek verzeichnet diese Publikation in der Deutschen Nationalbibliografie; detaillierte bibliografische Daten sind im Internet über http://dnb.ddb.de abrufbar.

DLG-Verlags-GmbH
Eschborner Landstraße 122
60489 Frankfurt am Main
Telefon (069) 2 47 88 -0
Telefax (069) 2 47 88 -484
Internet: www.dlg-verlag.de

Gedruckt auf chlorfrei gebleichtem Papier.

ISBN (10). 3-7690-0739-5
ISBN (13): 9-783-7690-0739-8

Herstellung: Nina Eichberg, Frankfurt am Main
Titel: Petra Obermeier, München
Druck und Satz: GREISERDRUCK, Rastatt
Printed in Germany

Glantz-Zeiten

Erfolg und Ohnmacht einer mecklenburgischen Gutsbesitzerfamilie

DLG
VERLAG

Inhaltsverzeichnis

Einführung

Fast zufällig geriet ich vor einiger Zeit nach Hohen Wieschendorf. Dort traf ich wiederum fast zufällig auf Enno Glantz, einen Mann, der sich für mich bis dato als anonyme Person hinter einem Erdbeerimperium verbarg. Dieser Mann schilderte mir in wenigen Sätzen die spannende Chronik dreier Generationen seiner Familie. Dann fragte er mich, ob wir daraus gemeinsam ein Buch machen wollten. Diese Geschichte faszinierte mich, weil sie eine mir vollkommen fremde Welt malte. Eine Welt, die ich lediglich vom Hörensagen kannte, und eine Zeit, die mir nur aus Geschichtsbüchern bekannt war. Menschen, deren Handlungen und Erfahrungen absolut nicht konform mit meinen eigenen gingen. Die Begeisterung hatte mich gepackt. Oder war es dieser Mann, dessen Enthusiasmus auf mich übergesprungen ist? Einwände und Bedenken, welcher Art auch immer, die sich bei mir fast automatisch einstellen, fegte er wie Brotkrümel vom Tisch. Wir wurden uns schließlich einig, diese Geschichte zusammen zu erzählen, stellten aber fest, dass uns beiden die Zeit dazu fehlt.

Einige Monate später trafen wir uns wieder. Diesmal nicht zufällig. Lange Gespräche und die Sichtung von Aufzeichnungen folgten. Wir wollten ein Buch schreiben, in dem Familiengeschichte in Zusammenhang mit deutscher Geschichte lebendig wird. Wir wollten deutlich machen, dass der Einzelne, egal was er tut, immer von großen politischen Zusammenhängen abhängig ist. Wir wollten versuchen, das Leben auf einem mecklenburgischen Gutshof Anfang des 20. Jahrhunderts und heute zu schildern. Uns war schnell klar, dass Hohen Wieschendorf als Gut und Landschaft das zentrale Thema unserer Geschichte werden würde. Es ist ein Landstrich, der eine ganz besondere Energie zu besitzen scheint. Primär selbstverständlich für die Familie Glantz, deren Leben dieses Stück Land weitgehend bestimmte und wieder bestimmt. Aber auch für andere Menschen muss dieser Ort einen ganz eigenen Zauber besitzen. Wir entnahmen dies Aufzeichnungen und Erzählungen Dritter, die wir für unser Buch verwandten. Auch ich selbst habe mich in Hohen Wieschendorf verliebt. Jeder meiner Besuche dort wurde zu einer Quelle für neue Ideen.

Apropos Ideen. Sie waren notwendig, um Episoden aus dem Alltag der Familie mit Leben zu erfüllen. Die Mehrheit der auf den folgenden Seiten dargestellten Ereignisse ist im Kern authentisch. Wir haben sie den Aufzeichnungen von Paul und Günther Glantz entnommen, teilweise auch aus Erzählungen, Briefen und Aufzeichnungen von anderen, die in Kontakt mit der Familie standen und heute noch stehen. Wie diese Begebenheiten in der Realität stattfanden, ist gerade für das erste Kapitel des Buches nicht mehr nachvollziehbar. Wir haben unsere Vorstellungskraft schwingen lassen und Ereignisse, die in den Aufzeichnungen mit einem trockenen Satz geschildert waren, zu eigenen kleinen Geschichten entwickelt. Dichtung und Wahrheit liegen hier also eng beieinander. Dabei wollten wir uns aber nicht zu weit aufs Glatteis der Phantasie bewegen, denn wir hatten nicht vor, einen Roman zu schreiben. Es sollte auch keine minutiöse Schilderung von Ereignissen werden, aber dennoch weitgehend Realität abbilden. Dies ist auch der Grund, weshalb die Frauen in diesem Buch wenig präsent erscheinen. Aber die Lebenserinnerungen als Grundlage der Familiensaga stammen eben von Männern, für die in erster Linie unternehmerische Fakten eine Rolle spielten. Das gilt besonders für das erste Kapitel dieses Buches. Frauen waren zu jener Zeit und in diesem Umfeld nicht an wirtschaftlichen Entscheidungen beteiligt, erschienen demzufolge auch in den Aufzeichnungen ihrer Männer nur am Rande.

Die neben den Hauptfiguren handelnden Personen sind zum großen Teil authentisch. Einige wurden namentlich benannt, andere blieben anonym. Die erwähnten Orte sind ausnahmslos real. Diese Menschen und Orte, die im Leben der Familie auftauchten und teilweise auch wieder verschwanden, haben wir in erdachte Szenen eingebettet, um den tatsächlichen Ereignissen Leben einzuhauchen. Damit die Familiengeschichte lebendig und greifbar werden zu lassen, war unser Ziel. Ob uns das gelungen ist, muss der Leser entscheiden.

In manchen Büchern dankt der Autor anderen Menschen, die an seiner Arbeit beteiligt waren. Das habe ich bisher meist großzügig überlesen, denn ich kannte diese Menschen ohnehin nicht. Jetzt aber, als ich selbst merkte, wie wichtig und unverzichtbar die Hilfe anderer Beteiligter am Entstehen eines Buches ist, möchte ich diesen Platz nutzen, um allen Unterstützern Dankeschön zu sagen.

Ich danke zuallererst Enno Glantz für sein Vertrauen und seine Großzügigkeit. Ich danke ihm auch für all die leckeren Kalorienbomben, mit denen er während unserer Zusammenarbeit dafür sorgte, dass mein Energiepotenzial nicht in den Keller rutschte.

Ich danke Julia Freund für ihre Geduld und Akribie, mit denen sie alles entdeckte, was mir verborgen blieb.

Ich danke Ninchen Glantz, die im Alter von 93 Jahren die orthografische Korrektur der plattdeutschen Sätze übernommen hat. Ebenso geht mein Dank an Gustav Saubert für seine Hinweise das Platte betreffend.

Ich danke Lisa Glantz, Dürten Untiedt, Margret Sittler, Jan van Leeuwen und Horst Herrmann für die Hinweise und Informationen, die sehr nützlich waren.

Ich danke Renate Schicht, Doris Wacha und Martina Deutsch für den Mut, den sie mir schon viele Jahre machen.

Ich danke Uwe Weiberg für die Geduld, mit der er meine Launen erträgt.

Ich danke Frau Dr. Kissling und Herrn Mentzel vom DLG-Verlag für die freundliche und persönliche Zusammenarbeit.

Heike Weiberg

1. Kapitel
Sturm über der Ostsee

Eisig und mit gewaltiger Kraft wehte der Sturm von See her über die kleine Halbinsel, die sich trotzig in die Ostsee schob. Von drei Seiten umgab Wasser das Gut Hohen Wieschendorf, das sich auf diesem wie ein Buckel in das Meer hineinragende Stück Land behauptete. Es war ein klirrend kalter und von tobendem Wetter gezeichneter Januartag, als Paul Glantz seinen gerade erst erworbenen Besitz mit aufmerksamem Blick und kräftig ausholenden Schritten erkundete. Die Kälte spürte er kaum. Seine Aufmerksamkeit galt dem Boden, dessen gefrorene Kruste hart unter seinen Stiefeln drückte. Dass dieser unwirtliche und stürmische Tag des Jahres 1912 schon erster Vorbote von später kommenden, in mehrfacher Sicht stürmischen Jahren sein sollte, das konnte der neue Gutsherr nicht ahnen. An so etwas wie Symbole oder Vorzeichen verschwendete er keinen Gedanken. Er war Landwirt und damit war für ihn das Wetter lediglich ein wirtschaftlicher Faktor. Man musste es geschickt für Anbau und Ernte nutzen oder – wenn es sich partout gegen einen stellte – versuchen, das Beste daraus zu machen. Paul Glantz war ausgesprochen pragmatisch veranlagt. Für ihn zählte in erster Linie das Land, auf dem er arbeitete, und seine Familie, für die er das Land bestellte. So war es schon seit Generationen. Die Landwirtschaft ernährte die Familie und so sollte es auch bleiben.

Gegen den Sturm ankämpfend erreichte der Mann mit dem kräftigen Schnauzbart und dem sich schon leicht lichtenden Haupthaar den Strand. Eisschollen trieben auf der See und rieben sich mit einem Ton aneinander, der wie von weither kommendes Wolfsgeheul klang. Gewaltig und schaurig tönte dieser Singsang des Eises. Gewaltig war auch die Kraft, mit der es sich austobte. Die 400 Meter lange Seebrücke aus Holz, die für die Schiffsverbindung in die Stadt Wismar unverzichtbar war, lag in Trümmern. Nur noch einzelne Pfähle ragten wie ein altes morsches Skelett aus dem Wasser. Sie hielten den krachenden Eisschollen stand, die sie unaufhörlich bedrängten. Dieses Stück mecklenburgische Land wurde zu jener Zeit noch hauptsächlich über das Wasser versorgt. Wismar, die nächste Stadt, lag nur

14 Kilometer nach Osten, war aber im Herbst und Winter wegen der unpassierbaren Landwege am einfachsten mit dem Boot zu erreichen. Auch im Sommer wurden unzählige Dinge, die man aus der Stadt benötigte, auf dem Wasserweg herangebracht. Die Ernte ließ sich sowieso viel bequemer im Schiffsbauch unterbringen und in die Zuckerfabriken und Mühlen der Stadt transportieren. Ohne Seebrücke konnte aber in Hohen Wieschendorf kein Schiff anlegen. Das war nicht gerade ermutigend für einen Neuanfang auf diesem Gut.

Der Sturm und der Anblick der ins Wasser ragenden Ruine waren für Paul Glantz jedoch noch kein Anlass zur Sorge. Er hatte schon anderes erlebt und weitaus dramatischere Ereignisse sollten ihm noch bevorstehen. Er war jetzt 36 Jahre alt und dieses Gut an der Ostsee war sein erster eigener Besitz. Der Landwirtssohn hatte zuvor auf verschiedenen Gütern in Mecklenburg und Ostpreußen als Inspektor oder Wirtschafter Erfahrungen gesammelt und 1907 eine Domäne in Holzendorf bei Sternberg gepachtet. Hier in Hohen Wieschendorf wollte er nun mit seiner Familie sesshaft werden. Der Neugutsbesitzer zog sich seinen von Sonne und Regen ausgebleichten Hut noch weiter ins Gesicht, vergrub die Hände in den Taschen seiner langen dichten Winterjacke und machte sich auf den Weg zurück zum Hof. Begleitung hatte er nur von den jagenden Wolken am Himmel. Ein guter Kilometer war es, den er zurückzulegen hatte vom Strand bis zum Gutshaus. An das neue, recht große Wohnhaus mit seinen beiden Seitenflügeln und dem runden Turm als Blickfang musste er sich erst einmal gewöhnen. Sein altes Haus in Holzendorf war wesentlich kleiner und unscheinbarer gewesen. Holzendorf, der Hof, den sein Vater für ihn gepachtet hatte, um ihn endlich aus dem geliebten Ostpreußen fortzulocken, war nun schon wieder Vergangenheit. Sieben Jahre hatte er dort zuerst allein, später mit seiner Edith gewirtschaftet. Er dachte gern an diese Zeit zurück, denn auch seine beiden Söhne Günther und Kurt kamen dort zur Welt.

Der eisige Wind und die mit roten Wolken hereinbrechende Dämmerung trieben ihn voran. Die Kälte begann sich langsam, aber stetig in seinem Körper auszubreiten. Zuerst erreichte sie die kräftige Nase, dann kroch sie in die Fingerspitzen und erreichte schließlich die Zehen. Um sich von dem unangenehmen Gefühl abzulenken, ließ der Landwirt seine Gedanken noch ein Stück weiter rückwärts wandern. Er dachte an die sieben Jahre, die er in Ostpreußen verbracht hatte. Dort waren die Winter immer grimmig kalt gewesen, die Vegetationszeit extrem kurz. Die Güter des Grafen Dohna in Schlobitten nahmen in seinen Gedanken wieder Gestalt an. Dort war er als landwirtschaftlicher Beamter angestellt, nachdem er seine Militärdienstzeit in Königsberg beendet hatte. Die Vorwerke, die entlang der Eisenbahnstrecke Schlobitten – Königsberg lagen, waren sein Arbeitsbereich und umfassten eine Fläche von etwa 1500 Hektar. Nur selten ratterte ein Zug über die Gleise. Unendliche Flächen, nicht enden wollende Entfernungen mussten mit dem Pferd zurückgelegt werden. Es war nicht immer einfach, den Überblick in so einem ausgedehnten Betrieb zu behalten. Gerade, weil ihn diese Anstellung forderte und mit viel Verantwortung verbunden war, gefiel sie ihm ausgesprochen gut. Die Landschaft in Ostpreußen erinnerte ihn in ihrer Weite und Großartigkeit sehr an die seiner Heimat in Mecklenburg. Er liebte es, mit dem Pferd durch die von Schlehen begrenzten Hohlwege zu traben und das grüne Dickicht der unendlichen Wälder am Horizont schimmern zu sehen. Die Ufer der gewaltigen blaugrauen Wasserflächen waren von Kranichen und Reihern besiedelt. Er genoss jeden Tag seines Aufenthaltes dort. Aber zu Hause wartete man auf ihn. Von Zeit zu Zeit erreichten ihn Briefe seines Vaters, er möge doch zurückkehren. Dann packte ihn das schlechte Gewissen und er nahm sich fest vor, sobald wie möglich seine Stellung in Ostpreußen aufzugeben. Aber dieses Vorhaben ging vorüber wie ein kurzes Sommergewitter. Viel zu verlockend war das Angebot, eine neue Stelle als Verwalter auf einem Gut in Cauthen anzunehmen, bei einem Vetter des Grafen Dohna. Dieses Gut befand sich im Gegensatz zu Schlobitten in einem jämmerlichen Zustand. Es war wesentlich kleiner, aber schlampig organisiert. Schon bei seiner Ankunft dort wurde Paul von seinem Vorgänger gewarnt, dass er sich nach einer anderen Stelle umsehen sollte, denn auf diesem Gut würde es niemand lange aushalten. Lächelnd erinnerte er sich daran, dass diese Warnung völlig wirkungslos für ihn blieb und er mehr als vier Jahre dort aushielt. Es gelang ihm, mit der ihm eigenen Zielstrebigkeit, diesen Betrieb in einen akzeptablen Zustand zu versetzen. Die ostpreußische Zeit lag nun schon 12 Jahre hinter ihm, aber er dachte immer noch sehr gern daran. Er hatte auch seiner Frau Edith schon viel davon erzählt.

Sie wartete schon im Haus auf ihn. Ihr rotbraunes aufgestecktes Haar bildete einen starken Kontrast zu dem grünen Wollkleid, das sie trug. Um die Schultern hatte sie ein Tuch gelegt, um sich besser vor der Kälte zu schützen. „Ich bin froh, dass du wieder heil hier angekommen bist“, sagte sie besorgt und nahm ihm seine Jacke ab. „Hättest du nicht auf besseres Wetter warten können für deinen Rundgang?“ – „Es ist gar nicht so schlecht, wenn man mal ordentlich durchgepustet wird, das macht die Gedanken frei“, antwortete Paul Glantz lächelnd über die Besorgnis seiner Frau. Er setzte sich an den Kamin und sah in das Feuer, das wie ein Reigen kleiner fröhlich tanzender Kobolde aussah. Mit einem lauten Krachen sprang die Tür auf, in der Frieda, das Küchenmädchen, erschien. Sie war erst 15 Jahre, aber nicht gerade schüchtern. Ihre strohfarbenen Zöpfe trug sie als Kranz um den Kopf gelegt. „Hier ist schöner heißer Tee für sie, Herr Glantz, damit sie warm werden“, rief sie mit lauter Stimme, in der sich ihr temperamentvolles Wesen zeigte. „Das war eine gute Idee von dir, Frieda“, bedankte sich der Gutsherr lächelnd. Frieda blieb wie angewurzelt stehen und beobachtete, wie er sich den Tee eingoss. „Möchtest du noch etwas?“ Frieda fühlte sich ertappt und stammelte nur, dass sie jetzt wieder in die Küche müsse. Als die Tür geräuschvoll zufiel, wandte sich Edith belustigt an ihren Mann: „Hast du bemerkt, wie die Kleine für dich schwärmt?“ Paul nahm einen großen Schluck aus der Teetasse und antwortete: „Hauptsache, du schwärmst auch noch für mich.“ Ediths Antwort war ein dicker Kuss auf seine noch immer kalte Nase. Es dauerte nicht lange, bis das Kaminfeuer und der Tee wieder Leben in ihren Mann brachten. Er stand auf, griff Ediths Hand und ging mit ihr zum Fenster des Kaminzimmers. In der hereinbrechenden Dämmerung zeigte er ihr die Äcker und Wiesen, die sich bis zum Wasser hinunter ausdehnten und auf der anderen Seite bis an das Nachbardorf Beckerwitz reichten. Aus dem Fenster der gegenüberliegenden Seite hatten sie einen Blick auf die zahlreichen Stallgebäude des Hofes. „Das gehört jetzt alles uns“, sagte er mit Freude in der Stimme. Dass er sich mit dem Kaufpreis von 630.000 Mark für das Gut stark verschuldet hatte, das musste sie nicht wissen. Aber er erzählte ihr von seinen Plänen, die Milchviehhaltung aufzugeben und dafür die Rindermast zu erweitern. „Und dort werden im nächsten Jahr nur noch Zuckerrüben stehen“, erklärte er ihr, indem sein Arm einen Bogen um das Land westlich des Hofes schlug. „Wir müssen nur sehen, dass wir bis zur Ernte einen neuen Anleger haben, sonst können wir die Rüben nicht nach Wismar bringen.“ – „Das wirst du schon schaffen“, antworte Edith, die keinesfalls an den Fähigkeiten ihres Mannes zweifelte. Manchmal erschien es ihr eher ein wenig zu viel, mit welchem Eifer er sich um die Arbeit kümmerte. Das war schon auf dem Hof in Holzendorf so und erst recht jetzt, wo er hier ganz neu zu wirtschaften begann. Gern hätte sie selbst mehr Zeit mit ihm verbracht, wünschte sich, hin und wieder mit ihm nach Lübeck oder Schwerin zu fahren, einfach nur so zum Vergnügen. Aber sie konnte auch verstehen, dass im Moment die Arbeit bei ihm an erster Stelle stand.

Flammennacht

In Hohen Wieschendorf hatte sich der grimmige Winter längst verabschiedet. Als hätte es die wütenden Eisschollen nie gegeben, spülte die Ostsee nun übermütige kleine Wellen an Land, die den Strandläufern unschuldig entgegenplätscherten. Die Strandläufer waren Paul Glantz und sein langjähriger Stellmacher Schult. Die Seebrücke war es, die die beiden an diesem sonnigen Frühlingstag ans Wasser führte. Bis zur Rübenernte musste ein neuer Anleger her. Die Fischer, deren Aufgabe der Bau gewesen wäre, ließen sich Zeit. „Wi maken uns Brügg alleen, wi kaenen dat bäder as de Fischer“, war die felsenfeste Überzeugung von Schult, der klein und stämmig am Strand stand. Der Gutsherr wusste, was er an seinem Stellmacher hatte. „Du übernimmst die Aufsicht, Schult, ich verlasse mich auf dich.“ Der Stellmacher murmelte noch eine Antwort hinterher, die ungefähr klang wie: „Wenn dat man so sien sall“, denn ein Mann großer Worte war er nicht. Mit den Händen war er weitaus geschickter als mit dem Mund. Aber jetzt stand der Plan und es sollte losgehen mit dem Bau. Wenige Tage später wurde ein Rammbock aus der Waggonfabrik in Wismar geholt und ein Bagger, der die Fahrrinne aushob. Neue Pfähle mussten in den Meeresboden gerammt werden, was recht aufwändig war. Fünf der Gutsarbeiter sägten das Holz zu und verbanden es mit fetten Nägeln. Der Anleger wuchs Tag für Tag in die See hinein. Neugierige Möwen flogen über den Köpfen der Brückenbauer und kreischten aufgeregt, wenn kleine Krümel von den Mahlzeiten der Männer übrig blieben. Einige Wochen dauerten die Brückenbauarbeiten, für die Schult alle anderen Arbeiten beiseite legte, um den Baufortgang zu beaufsichtigen und selbst mit anzupacken. „Jungs, ick glöf wi kriegen dat ganz gaut hen“, war das einzige Lob an die Männer, das er sich abrang. Gemeinsam hatten sie das neue Bauwerk schon etliche Zeit vor der Rübenernte vollendet. Es war jetzt zwar um die Hälfte kürzer als die alte Seebrücke, damit aber auch nicht mehr so anfällig gegen die Zerstörungswut von Hochwasser und Eis.

Wenn es Grund zu Freude gibt, ist auch meist dafür gesorgt, dass aus der Freude kein Übermut wird. Kaum stand die Brücke zum Anlaufen für Boote und Schiffe bereit, gab es schon die nächste Aufregung auf dem Gut. Paul und Edith Glantz lebten mit ihren beiden Söhnen Günther und Kurt gerade ein halbes Jahr auf Hohen Wieschendorf, als sich an einem heißen Juniabend von der See her ein Gewitter ankündigte. Ganz sanft erst, dann immer kräftiger, hörte man den Donner im Haus. Die beiden Kinder, die drei und zwei Jahre waren, lagen gerade schlafend in ihren Betten, als grelle Blitze am Himmel zuckten. Zum Donnergrollen kam das laute und erregte Brüllen der Mastochsen, die ängstlich in ihrem Stall rumorten. „Ich muss mal sehen, ob ich die Tiere beruhigen kann", sagte Paul Glantz zu seiner Frau, schlüpfte in seine Stiefel, zog die Wetterjacke an und lief hinunter zum Stall. Der Himmel über ihm wirkte wie eine Darstellung der Apokalypse. Als er am Stall angelangt war und die Tür öffnete, erschrak er über den Anblick, der sich ihm bot. Die Tiere, die er sonst nur so friedlich wiederkäuend kannte, schlugen wild mit den Hufen, stießen sich gegenseitig mit den Köpfen und gaben ein infernalisches Gebrüll von sich. Als ob sie schon eine Ahnung gehabt hätten von dem, was bald darauf passierte. Zuerst mit gutem Zureden, dann mit einem Knüppel versuchte der Gutsherr, die Ochsen zu beruhigen, aber sie gaben nicht nach in ihrem angstvollen Gebrüll. Unverrichteter Dinge musste er zurück zum Haus laufen, da prasselten die ersten dicken Tropfen aus den fast schwarzen Wolken. Immer heftiger wurde der Regen. Edith wartete schon in der Haustür stehend auf ihn. „Zieh dir schnell etwas Trockenes an", sagte sie zu ihrem Mann. Sie selbst war schon bis auf die Wäsche durchnässt, konnte sich aber nicht entschließen, ihren Posten an der Tür zu verlassen. Jetzt, als Paul wieder zurück war, nutzte sie die Gelegenheit, nach den Kindern zu sehen. Hastig lief sie die Treppe hinauf zum Kinderzimmer. Aber dort war alles ruhig. Die beiden Jungen lagen mit offenen Mündern und zerzausten Haaren tief atmend in ihren Betten. Ihr fester Schlaf gab ihnen Sicherheit in dieser unheimlichen Nacht. Es schien, als sei das Zimmer der Jungen eine friedliche Insel im Meer des Unwetters. Edith war froh, dass es den Kindern gut ging. Immer wieder staunte sie darüber, wie tief und unerschütterlich der Schlaf von Kindern war. Sie hastete über den breiten Flur ins Schlafzimmer, trocknete mit einem Handtuch notdürftig ihre Haare und wechselte schnell das Kleid. „Ist alles in Ordnung?", fragte ihr Mann, als sie die Treppe herunterkam. „Ja, zum Glück schlafen die beiden", beruhigte sie ihn. Gemeinsam versuchte das Ehepaar in der dunklen Nacht zu erkennen, was auf dem Hof geschah. Aber der Regen, der wie ein Wasserfall niederging, verhinderte jede Sicht. Nur wenn die Blitze zuckten, wurde für einen Sekundenbruchteil Licht. Danach versank alles wieder in gespenstische Dunkelheit. Edith, die viel kleiner und schmaler war als ihr Mann, drängte sich an ihm vorbei. Sie wollte etwas tun, aber es gab nichts zu tun, man konnte nur abwarten. „Ich werde die Mamsell beauftragen, etwas zu kochen. Es wird bestimmt eine lange Nacht für uns alle werden“, sagte sie und lief in die Küche. Dort waren die Mädchen gerade mit dem Feuern des Herdes beschäftigt und ein Wasserkessel stand schon bereit. „Wir kochen eine kräftige Kartoffelsuppe, Frau Glantz, die wird heute garantiert noch gebraucht“, rief ihr Frieda in ihrem Übereifer entgegen. Also auch in der Küche gab es für die Gutsherrin nichts zu tun. Inzwischen folgten die Blitze einander in immer kürzeren Abständen. Gleichzeitig mit einem lauten Krachen erhellte ein Lichtschein in unmittelbarer Nähe die Nacht. Es war unten bei den Ställen, wo sich die Kraft der Natur entlud. Es dauerte nur Sekunden, bis Paul und Edith klar wurde, dass der Blitz eingeschlagen hatte. Bald darauf loderte ein heller Feuerschein gegen den schwarzen Nachthimmel. Die beiden Ställe am Rande des Hofes waren gerade frisch mit Rohr eingedeckt worden. Das war ein gefundenes Festessen für die Flammen. Gefräßig und gierig machten sie sich in kürzester Zeit zuerst über das eine, dann über das andere Dach her, verschluckten nebenbei noch Holzwände und machten auch vor den Tieren und Maschinen nicht Halt. Nicht einmal vom Regen ließ sich das Feuer bei seinem gierigen Mahl stören. Schon erhob sich Lärm auf dem Hof. Die Gutsarbeiter liefen teilweise barfuß und nur leicht bekleidet herbei. Jeder trug Eimer, Äxte oder Schaufeln. „Beeilt euch, macht schneller“, schallte es durch die Nacht. „Wo sind die Leitern?“, fragte jemand in seiner Aufregung. „Da, wo sie immer sind, im Schuppen, stell dich doch nicht so blöd an.“ – „Ich kriege die Tür nicht auf“, kam es aus einer anderen Ecke. Im Schuppen gab es eine Wasserspritze, die sich der Gutsherr griff. „Ich pumpe und du, Max, hältst den Schlauch aufs Feuer“, befahl er, bevor sie gemeinsam zu den Ställen rannten. Als die Männer angekommen waren, bot sich ihnen ein katastrophaler Anblick. Rotgelbe Flammen und dicker schwarzer Rauch wetteiferten miteinander um die Vorherrschaft. Hitze, die den Männern sofort die Luft nahm, schlug ihnen in Wellen entgegen. Ein paar Ochsen liefen mit schwarz versengten Fellen in Richtung Strand. Aber viele Tiere lagen leblos am Boden. Das Feuer hatte in kürzester Zeit so gnadenlos gewütet, dass der Wasserstrahl, den man sofort auf die Gebäude richtete, kaum mehr war als der Versuch, einen Elefanten mit einer Nähnadel zu töten. Alles verbrannte in kürzester Zeit bis zur Unkenntlichkeit. Für 50 Mastochsen war das Leben zu Ende. Auch die Maschinen, überwiegend aus Holz, hatten die Flammen heruntergeschlungen. Als die Feuerwehrleute wenig später eintrafen, gab es für sie nichts mehr zu tun und sie zogen nach kurzer Zeit wieder ab.

Erschöpft und enttäuscht über die Erfolglosigkeit ihres Brandeinsatzes schlichen die Gutsarbeiter in die große Küche des Herrenhauses. Die heiße Kartoffelsuppe, die Frieda austeilte, weckte nach und nach neue Lebensgeister in ihnen. Hungrig waren sie ohnehin durch all die Schufterei.

Nach dieser für alle Bewohner des Gutes aufregenden Nacht musste man schnell wieder zur Tagesordnung übergehen, denn auf den Feldern wartete die Arbeit. Der nächste Tag zeigte einen strahlend blauen Himmel. Aber das Getreide auf den Feldern hatte sich durch den starken Regen platt auf den Boden gelegt. Paul Glantz war nicht mehr ins Bett gegangen, an Schlaf war bei ihm nach dieser Nacht ohnehin nicht zu denken. Am frühen Morgen besah er sich mit erzwungener Ruhe die Brand- und Unwetterschäden, um sie der Versicherung zu melden. Günther, sein ältester Sohn, war schon wach und lief ihm auf seinen kurzen Beinen aufgeregt hinterher. „Warum sind die Ställe kaputt? Warum ist hier alles schwarz? Sind die Ochsen jetzt alle im Himmel? Was ist eine Versicherung?“, bombardierte er seinen Vater mit Fragen. Paul versuchte geduldig, seinem Sohn die Ereignisse der Nacht zu erklären. Zuletzt, bevor er den Kleinen wieder ins Haus brachte, sagte er noch: „Weißt du, Günther, heute Nacht ist viel verbrannt, aber wir haben trotzdem großes Glück gehabt. Deiner Mama, euch beiden und den Leuten auf dem Hof ist nichts passiert. Darüber können wir ganz, ganz froh sein.“

Für den Gutsherrn brachte diese Unwetternacht auch einen Vorteil mit sich. Da die alten Ställe abgebrannt waren und er sie an anderer Stelle wieder errichten würde, hatte er nun von seinem Schreibtisch aus einen fantastischen Blick auf das Meer. Von dieser Seite der Halbinsel war es nur eine unbeträchtliche Entfernung, die das Gutshaus vom Strand trennte. Auf den Feldern reifte goldgelb der Weizen heran und im Hintergrund glänzte der grünblaue Spiegel der Ostsee. Diese unmittelbare Sicht auf das Wasser erleichterte dem Landwirt die wenig geliebte Schreibtischarbeit. Er genoss es sehr, jetzt einen freien Blick in die Natur zu haben. In geschlossenen Räumen, an einen Tisch gefesselt zu sitzen, war ihm schon in frühester Jugend unangenehm.

Die gesamte Kindheit durfte er nämlich in großzügiger Freiheit auf Äckern und Wiesen, in Wäldern und am Wasser verbringen. Kein Wetter hielt ihn, seine Freunde und sieben Geschwister im Haus. Das Gut Roetz bei Malchow, auf dem die Familie Glantz lebte, und dessen

Umgebung waren ein einziger großer Entdeckungspark. Die Natur und der große Hof boten ein unerschöpfliches Reservoir für Erkundungen und Abenteuer. Die Tränke auf der Rinderkoppel hinter dem Haus wurde zum Ozeandampfer. Die Kühe, die friedlich dort grasten, verwandelten sich in den Augen der Kinder zu angreifenden Piratenschiffen. Es gab auch eine große Strohmiete am Rande der Koppel. Die wuchs mit Leichtigkeit zum Hochgebirge, das man mit Schmuggelware überklettern musste, verfolgt von der Polizei. Zusammen mit dem Vater und dem Gärtner ging es auf Fischotterjagd und im Winter wurden Hechte gefangen. Die Kaninchenjagd gehörte dazu und natürlich auch die Hilfe bei der Ernte. Kein Tag glich dem anderen. Die unbeschwerte Kindheit von Paul Glantz bekam einen Bruch, als seine Mutter an einem Herzschlag starb. Er war noch nicht ganz 10 Jahre alt. Die Familie verließ Gut Roetz, weil zu vieles dort an die geliebte Mutter erinnerte. Das Gut Grabenitz bei Waren an der Müritz, das der Vater schon 1878 gekauft hatte, wurde zum neuen Wohnort. Einige Zeit später heiratete sein Vater, Friedrich Glantz, ein zweites Mal und die große Familie bekam noch Zuwachs durch vier weitere Kinder. Die zweite Frau von Friedrich Glantz, Anna Schulz, wurde aber nie als Stiefmutter bezeichnet. Sie war eine ausgeglichene herzliche Frau, die ihre Liebe gerecht auf all die vielen Kinder verteilte.

Aber auch die schönste und sorgloseste Kindheit ist einmal zu Ende. Für Paul Glantz bedeutete das, die Familie zu verlassen, um zuerst in Güstrow, später in Wismar die höhere Schule zu besuchen. Nur ungern folgte er dem Unterricht, der ihn viele Stunden des Tages im Klassenzimmer festhielt und von dessen Fenster aus er gerade einmal ein Stück Himmel zu sehen bekam. Kreidestaub und trockener Lehrstoff mit nur kurzen Pausen an der frischen Luft waren ihm ein Grausen. Aber er hatte gute Freunde. Einer von ihnen war Ernst Bock aus Rosenthal, dessen Hilfe und Ratschläge ihm auch viele Jahre später im Berufsleben noch unverzichtbar blieben. Fast alle Sonntage verbrachte Paul in Rosenthal, ein Gut, das nur wenige Kilometer südlich von Wismar lag. Hier durfte er bei der Feld- und Stallarbeit dabei sein, konnte auf dem Pferderücken die Landschaft erkunden und manchmal ging es auch zur Kaninchenjagd. Die Wirtschaft auf diesem Gut interessierte ihn brennend. Völlig gleichgültig waren ihm dagegen Gedichte von Schiller und Goethe oder die Schlacht im Teutoburger Wald, ganz zu schweigen davon, was in Afrika oder Amerika passierte. Dementsprechend waren auch seine schulischen Leistungen – miserabel. Natürlich versuchten sein Vater und andere Familienmitglieder ihn von der Bedeutung einer guten Schulbildung zu überzeugen. Er zeigte sich auch sehr verständnisvoll für diese Ratschläge, aber die Wirkung blieb aus. Diesem Jungen blieb im wahrsten Sinne des Wortes alle Theorie grau. Letztendlich gelang es ihm, seinen Vater davon zu überzeugen, dass er mit 17 Jahren die ungeliebte Schule verlassen durfte. Aus den Zwängen des Klassenzimmers ging es für den lebhaften jungen Mann in eine landwirtschaftliche Lehre. Jetzt gab es für Paul endlich etwas zu tun, von dessen Sinn er felsenfest überzeugt war. In den beiden darauf folgenden Jahren eignete er sich auf dem Nachbargut seiner Eltern, in Poppentin, die ersten grundlegenden Kenntnisse für seinen Beruf an.

Kriegsgewitter

In Hohen Wieschendorf waren seit der Ankunft von Paul und Edith Glantz mittlerweile zwei Jahre vergangen. Der Sommer des Jahres 1914 brachte mit seiner Hitze die Luft nahezu zum Kochen. Und es zogen dunkle Wolken am Himmel auf. Diesmal betraf es nicht nur die Bewohner von Hohen Wieschendorf, sondern unzählige Menschen in Deutschland und ganz Europa. Das Attentat auf den Thronfolger der österreichisch-ungarischen Monarchie in Sarajevo löste eine unheilvolle Reaktion aus. Für den Konflikt zwischen Österreich-Ungarn und Serbien fühlten sich plötzlich alle großen europäischen Nationen verantwortlich. Allen voran die Deutschen. Patriotische Begeisterung trieb große Herren dazu, einen großen Krieg anzuzetteln. Später nannte man diesen den Ersten Weltkrieg, weil ihm wenige Jahre danach ein zweiter, noch größerer folgte.

Der Mord an einem mächtigen Mann, weit entfernt in Südosteuropa, sollte auch für die kleine Gemeinschaft in Norddeutschland fatale Folgen haben. Auf den Feldern des Gutes waren Tagelöhner und Schnitter, die aus Polen angereist waren, bei der Hafer- und Weizenernte. Aber noch war die Stimmung, trotz der schweren Arbeit und der großen Hitze, heiter. Es wurde im Akkord gemäht und wenn man gewandt und flink war, konnte man gutes Geld verdienen. „Ich bin schneller als du", rief einer der Tagelöhner einem Schnitter zu. Der antwortete in gebrochenem Deutsch, indem er sich die schweißnasse Stirn wischte: „Bis jetzt noch. Aber warte ab, wer von uns beiden heute Abend mehr geschafft hat." Der schnellste und geschickteste von allen aber war Brückert. Seine kräftigen Arme schienen mit der Sense verwachsen zu sein. Wie Windmühlenflügel drehten sie sich und hieben in gleichmäßigem Rhythmus auf das Korn ein. Er schien keine Erschöpfung zu spüren, nicht einmal ein Schweißfleck zeigte sich auf seinem Leinenhemd. Nie mischte er sich in die Gespräche der anderen ein, war ganz eins mit sich und seiner Arbeit. Selbst in den Pausen saß er abseits von allen und schien weit weg von dieser Welt zu sein. Weiter hinten auf dem Feld waren die Frauen und Mädchen damit beschäftigt, die Garben aufzubinden. Die kleine, rundliche Frieda, die sonst in der Küche beschäftigt war, mochte die Feldarbeit nicht. Es war ihr hier draußen zu heiß und zu staubig. Ihre blonden Zöpfe klebten schon am Kopf und sie hatte ständig Durst. Die aufkommende schlechte Laune, die sich bei ihr einstellte, versuchte sie mit Scherzen, die an die Männer gerichtet waren, zu unterdrücken. „Seid nicht so langsam ihr Schlafmützen", rief sie ihnen zu, „sonst gibt es heute Mittag keine Suppe." Als Antwort aus der Männerreihe kam: „Pass auf, dass wir dich nachher nicht in den Suppentopf stecken und als Fleischbeilage mit auslöffeln. Genug Fett ist ja bei dir dran." – „Ihr seid ja bloß neidisch, ihr dürren Hänflinge." – „Frieda, schnack nicht soviel, sonst werden wir nie fertig mit der Arbeit", wurde sie von einer der älteren Frauen gerüffelt. So nahm dieser Erntetag seinen Lauf, aber schon der nächste zeigte ein ganz anderes Bild.

Am 27. Juli des Jahres 1914 erhielten viele der Gutsarbeiter und auch der Gutsherr selbst ihren Stellungsbefehl. Sechs Tage später sollte es für alle an die Front gehen. Der Krieg machte eben auch nicht vor diesem kleinen Fleckchen Erde in Mecklenburg halt. Die Stimmung in Hohen Wieschendorf war gedrückt. Eigentlich hätte es ein Freudentag werden sollen, denn in den frühen Morgenstunden dieses Tages war Paul Friedrich, der dritte Sohn von Edith und Paul Glantz, in die Welt hineingerutscht. Der Gutsherr saß an dem großen Bett seiner Frau und betrachtete voller Verwunderung sein neugeborenes Kind mit dem zerknitterten Gesicht und den langen schwarzen Haaren. „Waren Günther und Kurt auch so winzig?", fragte er seine Frau. Er wollte sich seine Sorgen wegen des Stellungsbefehls nicht anmerken lassen. Auch Edith überspielte mit einem zaghaften Lächeln ihre Angst und versuchte, mit Humor zu antworten: „Nein, die waren sofort groß, die haben auch gleich Kartoffeln und Gemüse gegessen und Windeln brauchten sie auch nicht." Aber es gelang ihr nicht, die tapfere Fassade aufrechtzuerhalten. Sie konnte es nicht fassen, dass ihr Mann ausgerechnet jetzt in den Krieg musste. Im Grunde verstand sie überhaupt nicht, wozu dieser Krieg gut sein sollte. „Paul, versprich mir, dass du wiederkommst", sagte sie von ihrem Bett aus und klammerte sich dabei fest an seine Hand. Ihr Mann setzte ein optimistisches Gesicht auf und murmelte nur: „Unkraut vergeht nicht." Paul Friedrich, gerade gestillt, lag satt und zufrieden neben seiner Mutter im Bett und ahnte glücklicherweise noch nichts von den Sorgen seiner Eltern.

Gegen Abend dieses ereignisreichen Tages, als die größte Hitze vorüber war, ließ Paul Glantz seine Tagelöhner und Gutsarbeiter auf dem Hof zusammenkommen. Er öffnete eine Flasche Köm und goss jedem einen Doppelten ins Glas. „Auf die Gesundheit von Paul Friedrich", sagte er und hob das Glas. „Und auf die Gesundheit von uns allen und dass wir bald wieder zu Hause sind." Die Männer hoben ebenfalls ihre Gläser. Aber die gute Stimmung, die sonst bei der Ankunft neuer Erdenbürger herrschte, wollte nicht aufkommen. Als der Köm ausgetrunken war, erinnerte der Gutsherr alle Männer, die wie er einen Stellungsbefehl bekommen hatten, an ihre Pflicht, für Kaiser und Vaterland zu kämpfen. „Ihr gebt hier auf dem Gut euer Bestes und erfüllt eure Pflicht. Das Gleiche erwarte ich von euch auch an der Front." Das fiel ihm nicht leicht, denn am liebsten hätte er alle seine Leute auf dem Hof behalten. Er fühlte sich verantwortlich für sie und ihre Familien. Was sollte werden, wenn einige von ihnen ihr Leben lassen würden, oder er selbst nicht zurückkäme? Aber diese Sorgen behielt er für sich. Seine Aufgabe war es, Haltung und Optimismus zu zeigen. „Haltet die Ohren steif und seht zu, dass ihr bald wieder hier seid", rief er leichthin in die Runde. Gefasst nahmen die Männer seine Worte entgegen. Mit einer Ausnahme: Brückert, der große kräftige Kerl, der immer der Beste und Schnellste bei der Arbeit war, brach wie ein Kind in Tränen aus. Ungehemmt schluchzte er und hielt sich wie immer abseits von allen anderen. Niemand wagte es, ihn anzusprechen und nach seinem Kummer zu fragen. Erst als die anderen Arbeiter gegangen waren, wandte sich der Gutsherr besorgt an Brückert. „Was ist los mit dir Brückert? So kenne ich dich gar nicht. Du bist doch mein bester Mann." Aber von Brückert kam keine Antwort, er wischte sich nur mit dem Hemdärmel über sein nasses Gesicht. Paul ließ nicht nach. „Ist es der Abschied, der dir so schwer fällt? Aber du weißt doch, dass wir uns um deine Frau und die Kinder kümmern, wenn du weg bist." Da verlor Brückert vollends die Fassung. Er zitterte am ganzen Körper und flüsterte mit kaum verständlicher Stimme: „Herr, ik kam nich wedder." – „Brückert, so was darfst du nicht sagen. Natürlich kommst du wieder", versuchte Paul ihn zu trösten. Er wusste gleichzeitig, dass ihm dies nicht gelungen war. Brückert ging mit gesenktem Kopf als Letzter vom Hof. Enttäuscht und ermüdet schlich sich Paul nun ins Haus, wo er im Kaminzimmer noch lange über das Verhalten von Brückert nachgrübelte. Vier Jahre später, bei Kriegsende, trat dieser Abend noch einmal in allen Einzelheiten in sein Gedächtnis. Von Spökenkiekeri oder irgendwelchem Hokuspokus hielt Paul Glantz nicht viel. Doch dieses Ereignis machte ihm noch sein Leben lang zu schaffen. Am Ende des Krieges nämlich kamen alle seine Leute zurück auf den Hof. Es gab nur einen, der nicht wieder kam – Brückert.

Aber noch schrieb man das Jahr 1914, eine Woche nach dem Stellungsbefehl. Der Weizen lag schon in der Scheune, nur der Hafer stand noch zur Hälfte auf dem Halm, da war es soweit. Paul Glantz und ein Großteil seiner Tagelöhner standen abmarschbereit für die Front auf dem Gutshof. Dann bestiegen sie den Pferdewagen, der mit ihnen auf den sommertrockenen Feldwegen nach Wismar zockelte. Einige warfen noch einen letzten Blick auf ihr Dorf, andere blickten stur geradeaus. Ein Gespräch wollte zwischen den Leuten nicht in Gang kommen. Zu sehr war jeder Einzelne mit seinen Ängsten und Sorgen beschäftigt. Auch Paul drehte sich um und maß mit aufmerksamem Blick das Gut, das erst zwei Jahre in seinem Besitz war. War jetzt all seine Arbeit sinnlos? Was würde aus Edith und den Kindern werden, wenn er nicht zurückkäme? Was aus den Familien seiner Gutsarbeiter? Quälende Gedanken breiteten sich in seinem Kopf aus.

Aber es kam anders, als der Gutsherr vermutete. In Wismar, von wo aus es mit dem Zug in Richtung Westen gehen sollte, wurde ihm gesagt, dass er als Landwirt für die Ernährung der Bevölkerung zu sorgen hätte und deshalb zunächst zurückgestellt sei von der Front. Das überraschte Paul. Die Verabschiedung von seinen Leuten dämpfte allerdings seine Freude über diese Nachricht. Er musste sie einem ungewissen Schicksal überlassen, während er selbst zurück nach Hause durfte. Natürlich fehlten sie ihm auch als Arbeitskräfte. „Es wird nicht lange dauern, dann sehen wir uns alle wieder", machte er den Männern Mut. „Ich brauche euch doch im Herbst zur Rübenernte." Die Antwort war betretenes Schweigen. Als Paul sich von allen verabschiedet hatte und es nichts mehr zu sagen gab, ging er mit gesenktem Kopf hinunter in den Hafen. Der lag im strahlenden Sonnenschein, als wäre es ein Feiertag. Aber schließlich richtet sich das Wetter ja nicht nach der Stimmung der Menschen. Pauls Laune konnte die Sonne jedenfalls nicht aufbessern, zu sehr beschäftigte ihn der traurige Abschied von seinen Leuten. Der Personendampfer „Paul", der im Sommer den Pendelverkehr zwischen den Dörfern an der Küste übernahm, lag schon abfahrbereit am Anleger. Langhof, dessen redseliger Besitzer, kam dem Gutsherrn auf dem Steg entgegen. „Soll das nun wieder nach Hause gehen, Herr Glantz? Da wird sich aber ihre Frau freuen", begrüßte er Paul freundlich. „Fahr rüber zum Gut, aber volle Kraft", antwortete Paul Glantz knapp. Auf eine ausgedehnte Unterhaltung mit dem Schiffer wollte er sich in dieser Stimmung nicht einlassen. Er wollte überhaupt nicht reden, er wollte nicht einmal denken.

Auch wenn die Natur keine Rücksicht auf die Stimmungen der Menschen nimmt, gelingt es ihren Kräften gelegentlich doch, diese unbeständigen Gefühle zu verändern. Der leichte Wellengang der Ostsee, der das Boot während der Fahrt sanft zum Schaukeln brachte, sorgte nach und nach für eine Aufhellung von Pauls Gemütsverfassung. Er freute sich jetzt auf zu Hause, auf die Kinder, auf Edith. Er sah sie schon vor sich, wie sie erstaunt sein würde, dass er nun so unerwartet schnell zurückkam.

Seine Edith, mit der er nun schon seit sieben Jahren verheiratet war. Diese kleine, ausgesprochen hübsche Frau war der Mittelpunkt der Familie. Große dunkle Augen, über denen dichte Brauen lagen, bildeten den Mittelpunkt ihres Gesichtes. Eine gerade, nicht sehr große Nase und ein fein gezeichneter Mund sorgten für ein ebenmäßiges Gesicht. Sie schien nur einen Makel zu besitzen – das waren ihre übergroßen Ohren. Diese versteckten sich aber geschickt unter ihrem vollen kastanienbraunen Haar. Mit einem offenen und liebenswürdigen Wesen ausgestattet, fiel es ihr leicht, die Menschen, mit denen sie in Kontakt kam, für sich zu gewinnen. Obwohl sie noch sehr jung war, zehn Jahre trennten sie von ihrem Mann, hatte sie sich mühelos in den täglichen Ablauf des großen Haushaltes hineingefunden. Sie war die geachtete und auch ein wenig bewunderte Bezugsperson für die jungen Leute, die durch ihre landwirtschaftliche Ausbildung auf dem Gut lebten und arbeiteten. Mit dem Personal im Haus pflegte Edith einen freundlichen Umgang, verlor aber nie die Distanz. Sie war auch eine warmherzige, liebevolle Mutter, die viel Geduld für ihre inzwischen drei Söhne aufbrachte. Paul Glantz erfüllte es mit Freude und Stolz, dass es ihm gelungen war, diese liebenswerte Frau für sich zu gewinnen.

Dabei war sie ihm kaum aufgefallen damals, als er als Neunzehnjähriger auf das Gut ihrer Eltern nach Groß Brütz, westlich von Schwerin, kam. Ein neunjähriges dünnes kleines Mädchen mit braunen Zöpfen war sie zu jener Zeit. Gemeinsam mit ihren beiden älteren Schwestern Käthe und Helene lief sie oft kichernd über den Hof. Manchmal fragten ihn die Mädchen aus über das, was er gerade tat. Das war für ihn eher ärgerlich, denn es hielt ihn nur von der Arbeit ab. Das Gut der Familie Bock in Groß Brütz war im letzten Jahrzehnt des ausgehenden 19. Jahrhunderts der größte Milchlieferant für die Stadt Schwerin und ein sehr erfolgreicher und fortschrittlicher Betrieb. Hier hatte Paul Glantz nach der landwirtschaftlichen Ausbildung seine erste Stelle als Wirtschafter angetreten. Ein weiträumiges zweigeschossiges Gutshaus aus rotem Backstein bildete den Mittelpunkt in einem von einem kleinen Bach durchschlängelten Park. Die Wirtschafts- und Stallgebäude fanden ihren Platz nördlich des Wohnhauses und bestanden ebenfalls aus dem für Mecklenburg so typischen roten Backstein. Ein beeindruckendes Ensemble, das schon von weitem die Blicke auf sich lenkte. Der Besitzer, Hans Christian Bock, war ein Landwirt mit Weitsicht. Neben der Milchviehhaltung baute er auf großen Flächen seines Besitzes Zuckerrüben an, denn er war auch Anteilseigner der Wismarer Zuckerfabrik, die sein Bruder Ernst Bock aus Rosenthal errichtet hatte. Der mit Verhandlungsgeschick und auch ausreichend finanziellen Mitteln ausgestattete Gutsherr hatte es durchgesetzt, dass die neu gebaute Bahnlinie von Schwerin nach Gadebusch einen Haltepunkt in Groß Brütz bekam. So ließen sich die Zuckerrüben und das Getreide wesentlich einfacher transportieren. Vieles, was Paul Glantz während seines zweijährigen Aufenthaltes auf Groß Brütz lernte, wandte er später in seinen eigenen Betrieben an. Aber bis dahin war noch etwas Zeit. Auch die Hochzeit mit dem kleinen dünnen Mädchen, die 11 Jahre später stattfand, war zu jener Zeit überhaupt nicht vorauszusehen. Sich ernsthaft um eine Ehefrau Gedanken zu machen, wäre dem jungen Landwirt im Traum nicht eingefallen, dafür liebte er sein ungebundenes Leben viel zu sehr. Es gab schließlich noch vieles in seinem Beruf zu lernen und natürlich auch in anderen Bereichen des Lebens. Da wollte er frei sein und unabhängig, um an möglichst unterschiedlichen Orten die landwirtschaftliche Praxis zu erkunden. Familiengründung sollte für den jungen Mann erst einige Jahre später auf die Tagesordnung rücken.

Dies geschah an einem Julitag des Jahres 1907. Auf zwei Hochzeiten hätte er an diesem Tag tanzen können, denn er erhielt gleich zwei Einladungen. Paul hatte die Wahl, bei einem Fest in Lübeck dabei zu sein oder eine Hochzeit auf Groß Brütz zu feiern, wo Helene, eine der Töchter der Familie Bock, heiratete. War es nun Vorsehung oder Zufall, dass seine Entscheidung für Groß Brütz ausfiel? Auf jeden Fall entschied sie auch sein weiteres Leben, denn schon vier Monate nach diesem Hochzeitsfest, am 22. November 1907, heiratete er selbst eines der drei Mädchen, die er schon als Kinder kennen gelernt hatte – seine Edith. Von seinem früheren Dienstherrn und späteren Schwiegervater bekam er ein Hochzeitsgeschenk, das für einen Landwirt ausgesprochen praktisch war. Am Hochzeitsmorgen, noch bevor die ersten Gäste eintrafen, warteten als Überraschung schon acht tragende Jungrinder vor dem Haus in Groß Brütz. Sie bildeten den

Grundstock für die Milchviehhaltung des jungen Paares. Sieben Jahre waren seither vergangen.

Die damals noch sorglose Zeit war der Verantwortung gewichen, die Paul nun während des Krieges für das Gut, seine Familie und die Familien seiner Gutsarbeiter zu tragen hatte. Obwohl er erst einmal vom Einsatz an der Front verschont blieb, hatte der Krieg aber doch Auswirkungen auf das Leben aller Bewohner des Hofes. Von dessen Beginn bis zu dessen Ende wurde in Hohen Wieschendorf die Küstenwache stationiert. Im Erdgeschoss des Gutshauses richteten die Soldaten das Wachlokal ein. Die Familie und das Personal mussten sich mit dem Obergeschoss begnügen. Eines Abends, die Bewohner lagen nach einem anstrengenden Arbeitstag schon in ihren Betten, hörte man einen fürchterlichen Knall. Auch der tiefste Schläfer war danach hellwach. Edith Glantz, die etwas länger brauchte, um sich aus dem Tiefschlaf heraus zu orientieren, hörte aufgeregte Stimmen vom Flur her. Das Weinen ihrer Kinder mischte sich in den Lärm. Sie saß senkrecht im Bett. „Paul, was ist hier los, was hat dieser Knall zu bedeuten?“, fragte sie ihren Mann, der schon in seine Hosen geschlüpft war und gerade das Zimmer verlassen wollte. „Ich muss nachsehen, es hörte sich an wie ein Schuss“, antwortete er. Edith nahm sich nicht die Zeit, etwas überzuziehen. Im Nachthemd rannte sie hinüber ins Kinderzimmer, wo ihre Jungen völlig verängstigt in ihren Betten saßen. „Es ist schon gut“, tröstete sie Günther, Kurt und Paul Friedrich. Sie zog alle drei ganz eng an sich heran und streichelte über ihre vom Schlaf nach allen Seiten abstehenden Haare. Das Küchenmädchen Frieda kam ins Zimmer gestürmt und rief völlig aufgeregt: „Frau Glantz, wir haben in unserem Zimmer ein Loch im Fußboden. Ich wäre da fast hineingerutscht.“ Dass Frieda zur Übertreibung neigte, wusste Edith. Aber trotzdem wollte sie sich den Schaden im Zimmer der Mädchen besehen. „Bleib du bei den Kindern, Frieda, ich werde mal nachsehen, was passiert ist.“ Auf dem Weg in das Mädchenzimmer kam ihr Mann ihr schon aus dem Erdgeschoss entgegen. „Die Soldaten haben ihre Gewehre gereinigt und dabei ist ein Schuss durch die Decke gegangen“, klärte er die Aufregung im Haus auf. Er vergewisserte sich noch einmal, dass niemand verletzt war, und schickte das Personal wieder in die Betten. Das Loch im Zimmer der Mädchen war nicht so groß, wie Frieda es beschrieben hatte, aber die Kugel war in einem darüberstehenden Stuhl stecken geblieben. Glücklicherweise hatte keines der Mädchen zum Zeitpunkt des Schusses auf dem Stuhl gesessen. Obwohl dieses Ereignis ohne größeren Schaden vorüberging, musste die Familie gleich in den ersten

Kriegsmonaten ein Opfer betrauern. Heinrich, einer der Brüder des Gutsherrn, fiel schon im September 1914. Sechzig Kilometer vor Paris kostete ihn eine französische Kugel das Leben.

Neuland

Der Krieg dauerte länger, als man ursprünglich gedacht hatte. Die Einberufung von Paul Glantz wurde immer wieder verschoben, weil er mittlerweile auch die Bewirtschaftung anderer Höfe übernommen hatte, von denen die Besitzer an der Front waren. Aus dem Nachbarort Beckerwitz, der nur einen Kilometer von Hohen Wieschendorf entfernt war, kam einige Zeit vor Ende des Krieges ein Hilferuf. Die Baronesse von Langen und ihre Mutter bewirtschafteten dort mit einem Verwalter einen Bauernhof. Es war kein großer Hof, aber die beiden Frauen schienen damit überfordert zu sein. „Herr Glantz, wir wissen nicht mehr weiter", empfing die Baronesse den Gutsherrn bei seiner Ankunft auf dem Hof und war völlig aufgeregt. „Na, so schlimm kann es doch gar nicht sein", versuchte der Ankommende sie zu beruhigen. „Was ist denn los?" Die Mutter der Baronesse kam gerade aus dem Haus und gemeinsam gingen die drei zu einer Strohmiete, die sich hinter dem Schweinestall befand. Aus der Miete kam ein röchelndes Geräusch, das sich wie das Grunzen eines Schweines anhörte. Ein mit Mist verkrusteter Stiefel ragte senkrecht aus der Miete in die Luft. Die beiden Frauen blieben in einigem Abstand stehen, wagten sich nicht weiter. Als er sich dem Ganzen näherte, erkannte Paul unter dem Stiefel ein Bein und kurze Zeit später auch den Verwalter des Hofes. Mit verfilztem Haar, offenem Mund, aus dem Speichel rann und extrem verquollenen Augen lag der Mann im Stroh. Ein unbeschreiblicher Gestank ging von ihm aus. Er wirkte mehr tot als lebendig. Neben seinen Füßen lag eine leere Flasche, in der einmal Brennspiritus war. „Das geht mit ihm schon eine Weile so", erklärte die Baronin, die sich angewidert die Nase zuhielt. „Er betrinkt sich bis zur Bewusstlosigkeit und schläft dann im Stroh seinen Rausch aus." – „Da müssen wir wohl etwas unternehmen", war die gelassene Antwort von Paul, der schnell ein paar Schritte zurückwich, um dem Gestank zu entkommen. „Ich schlage vor, sie entlassen den Verwalter und verpachten den Hof." – „Wenn das so einfach wäre", sagte die Baronin von Langen. Ihre Tochter erklärte: „Wir suchen schon länger einen Pächter, aber jetzt im Krieg findet sich niemand." Paul überlegte kurz, strich sich einmal durch sein Haar und wandte sich dann den beiden Frauen zu. „Was halten sie von mir?

Wenn ich hier etwas verdienen kann, bin ich ihr neuer Pächter." Mutter und Tochter konnten kaum glauben, was sie da gerade gehört hatten. „Wir hätten nie gedacht, dass sie sich dafür interessieren, wo sie doch mit dem Gut schon soviel Arbeit haben. Da sucht man so lange, aber an den unmittelbaren Nachbarn denkt man nicht." Fast fielen ihm die beiden Frauen vor Freude um den Hals, hielten sich dann aber doch vornehm zurück. Der Pachtvertrag wurde zuerst per Handschlag und noch am gleichen Nachmittag beim Notar in Wismar besiegelt. Als der Gutsherr am Abend dieses Tages zurück nach Hause kam, hatte ihn dieser Handel sein ganzes bares Vermögen gekostet. 30.000 Mark betrug die Ablösesumme für die auf dem Hof vorhandenen Tiere und Maschinen. Aber er sah es als lohnenswerte Aufgabe an, diesen Betrieb wieder in eine vernünftige Bahn zu lenken. Voller Eifer stürzte er sich in die Arbeit. Er begann sofort damit, den verwahrlosten Hof in Ordnung zu bringen. Die vernässten Felder legte er durch Drainage trocken und erntete das letzte noch unreife Getreide, das viel zu spät gesät worden war. Insgesamt 16 Jahre pachtete er diesen Hof und verwandelte ihn nach und nach in ein Schmuckstück.

Es blieb jedoch nicht bei diesem einen Hof in Beckerwitz. Schon vier Wochen nachdem der Hohen Wieschendorfer Gutsherr den Pachtvertrag unterschrieben hatte, meldete sich Ernst Bock aus Rosenthal. Er habe ihm ein Geschäft vorzuschlagen und würde sich gern mit ihm treffen. Paul Glantz ließ also die Kutsche anspannen und machte sich auf den Weg nach Rosenthal, der ihn gut eine Stunde Zeit kostete. Die letzten Kilometer der Strecke mochte er besonders. Links und rechts des sich durch die Felder schlängelnden Sandweges standen uralte knorrige Weiden. Im Herbst und Winter erinnerten ihre bizarren kahlen Äste an fantastische Fabelwesen, die dem Besucher die Richtung zu weisen schienen. In dem Gutshaus, das weithin sichtbar war, wohnte Ernst Bock, bei dem Paul schon die Sonntage seiner Wismarer Schulzeit verbracht hatte. Er war sein väterlicher Freund, Ratgeber und gleichzeitig der Onkel seiner Frau. Er war auch ein strenger und sehr eigenwilliger Mann. Mit weißem Anzug und passendem weißen Hut gab er sich den Anschein eines südamerikanischen Rinderbarons. So extravagant wie seine Kleidung war auch das Gutshaus, das er erst wenige Jahre zuvor von dem namhaften Hamburger Architekten Ernst Bach auf Rosenthal bauen ließ. Es passte nicht so recht in die Mecklenburger Landschaft mit seinen Türmchen, Erkern und Gauben und dem hohen Schieferdach. Aber es war ein ausgesprochen imposantes Gebäude. Gerade deshalb wirkte es fast wie ein Fremdkörper auf dem Hof. In diesem beeindruckenden Haus wurde Paul von Ernst Bock empfangen. Der kam ohne große Umschweife zu seinem Anliegen. „Ich habe gehört, dass du in Beckerwitz den Hof der Baronin gepachtet hast. Ich schlage dir vor, dass du gleich noch den Nachbarhof dazukaufst, dort, wo du deine Rinder schon weidest.“ Paul sah seinen Freund fragend an. „Diesen Hof habe ich vor kurzem gekauft und zusätzlich noch einen in Metelsdorf“, erklärte dieser. „Ich habe mich da ein bisschen übernommen und dachte mir, dass du mir den Hof in Beckerwitz abkaufen kannst.“ – „Dein Vorschlag hört sich gut an, aber ich habe kein Geld mehr. Alles was ich an Bargeld hatte, gehört jetzt der Baronin“, sagte Paul bedauernd. „Was denkst du, wozu es Banken gibt? Du nimmst einen Kredit auf und schon ist alles geregelt“, war die Antwort von dem Rosenthaler. „Ich weiß nicht, ob ich mich schon wieder verschulden kann.“ – „Überlass das doch einfach der Bank, wenn die zustimmt, kann doch nichts schiefgehen“, ließ Ernst Bock nicht nach. Wenn er sich etwas in den Kopf gesetzt hatte, versuchte er seine Ziele mit allen Mitteln zu erreichen. Fast immer gelang ihm dies auch. Niederlagen waren für diesen überaus selbstsicheren Mann nicht akzeptabel. Die beiden Männer saßen noch eine Weile bei einem Glas Wein und diskutierten über das Anwesen in Beckerwitz. Schließlich hatte der Rosenthaler Gutsherr Paul dort, wo er ihn haben wollte. Der willigte in den Kauf des Beckerwitzer Hofes ein, obwohl er sich Sorgen darüber machte, ob er auch den Kredit zahlen könnte. Schon bald darauf trafen sich die beiden Männer beim Notar, um den Vertrag zu unterschreiben. Der Gang zur Bank fiel Paul wesentlich schwerer. Er bettelte nicht gern um Geld und schon gar nicht, wenn er dafür hohe Zinsen bezahlen musste. Immerhin hatte er mit diesem Kauf aber innerhalb von vier Wochen seinen Landbesitz um 120 Hektar erweitert, worüber er sehr froh war. Allerdings war sein Besitz nun wieder mit einer Hypothek von 130.000 Mark belastet.

Aber was waren diese Schulden gegen das Elend, das der Krieg überall im Land verursacht hatte. Besonders in den großen Städten litten die Menschen unter seinen Auswirkungen. Hunger – der furchtbare Begleiter aller kriegerischen Auseinandersetzungen – trieb die Menschen aus Berlin und Hamburg bis nach Hohen Wieschendorf, um sich ein paar Pfund Roggen oder Erbsen zu holen. In Magdeburg lebte mit Frau und drei Kindern Fritz Glantz, ein Bruder des Gutsherrn. Auch in dieser Familie fehlte es an Lebensmitteln. „Wir müssen etwas für deinen Bruder tun“, wandte sich Edith an ihren Mann. „Du hast recht. Wir werden ihm eine große Kiste schicken mit allem, was er braucht“, sagte Paul. Er wurde sich wieder einmal voll Dankbarkeit bewusst, in welch vorteilhafter Situation er sich als Landwirt befand. „Ich denke, wir sollten Kartoffeln, Gemüse, Mehl und geräuchertes Hammelfleisch einpacken.“ – „Vergiss nicht Zucker und Grütze, du weißt doch, dass die Kinder gern Süßes mögen“, erinnerte ihn seine Frau. „Du hast wie immer recht“, brummte Paul. Alles wurde schnell zusammengestellt und sollte nach Magdeburg geschickt werden. Aber schon in Wismar war die Reise der Kiste zu Ende. Die Staatsanwaltschaft hatte sie schlichtweg beschlagnahmt. Erst zwei Wochen später gelang es dem Gutsherrn, die Kiste wieder zu bekommen. Deren Inhalt war allerdings inzwischen auf wundersame Weise verschwunden. Voller Ärger über die Willkür der Behörden wurde die Kiste ein weiteres Mal gepackt. Erst dann, im zweiten Anlauf, erreichten die Lebensmittel den Empfänger in Magdeburg.

An Hunger brauchte in Hohen Wieschendorf zum Ende des Krieges niemand zu leiden, aber es war eine von viel Arbeit geprägte Zeit für Paul Glantz. Die Bewirtschaftung der inzwischen drei Höfe ließ wenig Freiraum für anderes. Edith sah ihren Mann selten. Manchmal kam er zum Mittagessen ins Haus, aber meist trafen sie sich nur in den Abendstunden. Gelegentlich war er auch mehrere Tage auf Geschäftsreisen unterwegs. Natürlich hätte sie gern mehr Zeit mit ihm verbracht. Aber sie war dankbar, dass Paul von einem Einsatz an der Front verschont geblieben war. Neben den Arbeiten im Haus und im Garten verschafften ihr die Kinder Ablenkung. Vier Jungen waren es mittlerweile, die mehr oder weniger lebhaft ihre Mutter in Beschlag nahmen. Am 22. Mai 1916 war Werner Glantz geboren worden, der aus dem bisherigen Trio ein Quartett machte.

Eine der wenigen gemeinsamen Unternehmungen des Ehepaares in den Kriegsjahren war eine Geburtstagsfeier bei Paul Wildfang, einem Onkel von Paul Glantz. Er war Oberbürgermeister in Wismar und ein Mann, der an und für sich gern und ausgedehnt feierte. Aber in diesem letzten Kriegsjahr 1918 war niemand so recht nach großen Festen zumute. Gleich nach dem Essen beim Onkel setzten sich Paul und Edith in ihren Wagen, um zurück nach Hohen Wieschendorf zu fahren. Sie nahmen den Weg am Strand entlang über Zierow. „Das Wasser steht so hoch wie lange nicht mehr“, stellte Edith besorgt fest. Die Pferde hatten Mühe, den Wagen durch das Wasser zu ziehen, das längst den Strand überspült hatte. Nur langsam bewegten sich die beiden Stuten vorwärts und schnaubten immer wieder vor Anstrengung. Als der Wagen an der Seebrücke in Hohen Wieschendorf angekommen war, standen die Pferde schon bis zum Bauch im Wasser.

Fast gleichzeitig setzte ein orkanartiger Sturm ein. Er pfiff, brüllte und zischte und verwandelte die See in ein schäumendes Ungeheuer. An seine Frau gewandt sagte Paul: „Es ist eigenartig. Nicht nur die Menschen sind jetzt in Aufruhr, auch die See spielt verrückt.“ Der Aufruhr der See machte ihm nicht viel aus, denn die Brücke stand seit ihrem Neubau fest und stabil. Vom Aufruhr der Menschen aber sollte er kurze Zeit später selbst betroffen sein.

Der Krieg endete mit Revolution und dem Zusammenbruch der Monarchien in Deutschland und anderen Ländern Europas. Es war November 1918 – eine Zeit der allgemeinen Willkür und der Massenstreiks. Wie überall hatten sich auch in den Städten an der Ostsee Arbeiter- und Soldatenräte gebildet, die für eine sozialistische Republik eintraten. In Hohen Wieschendorf war man bei der Rübenernte. Als Paul Glantz eines Morgens seine Leute zur Arbeit einteilen wollte, waren statt der 20 Schnitter nur zwei zur Arbeit erschienen. „Was soll ich hier mit euch beiden anfangen, wo sind die anderen Leute?“, fragte der Gutsherr ärgerlich. Die beiden senkten ein wenig verschüchtert die Köpfe, antworteten aber nicht. „Habt ihr die Sprache verloren?“, kam es nun schon ungehalten. Die Gutsarbeiter schauten sich gegenseitig an und schließlich stammelte einer der beiden: „Die sind in Wismar im Offizierskasino.“ – „Was wollen die denn im Offizierskasino, mitten in der Rübenernte?“ Paul war nahe daran, zu explodieren. Konnte man auf vernünftige Fragen keine vernünftige Antwort erwarten? Aber er zwang sich zur Ruhe. „Im Offizierskasino tagt doch der Soldatenrat, da kann man sich jetzt über seine Arbeitgeber beschweren“, kam es dann endlich von dem älteren der beiden Gutsarbeiter. Paul konnte es nicht fassen. Seine Leute waren heil aus dem Krieg zurück, besaßen wieder die Möglichkeit, Geld zu verdienen und wollten sich jetzt beschweren. Vermutlich glaubten sie auch an das Märchen von den gebratenen Tauben, die ihnen ohne Arbeit in den Mund fliegen würden. So ungefähr stellten sich ja die Kommunisten und Sozialisten die Zukunft vor. Sicher konnte er verstehen, dass sie nach all dem Elend, welches sie im Krieg erlebt hatten, nun voller Wut auf die Herrschenden waren, die ihnen dieses Elend eingebrockt hatten. Aber war das ein Grund, ihre Wut an ihm auszulassen und einfach nicht zur Arbeit zu erscheinen? Diese ganze Revolution war seiner Meinung nach unausgegoren. Aber darüber brauchte er jetzt nicht nachzudenken. Wichtig war nur, dass die Rüben vom Feld kamen. Die ersten Fröste würden bald kommen. Er ließ die beiden Gutsarbeiter stehen, stieg in seine Kutsche und fuhr hinüber nach Wismar. Vor dem Offizierskasino standen die Menschen in Zweierreihen Schlange. Paul drängte sich an der aufgeregten Menschenmenge vorbei, schob den Posten an der Tür beiseite und befand sich in einem großen Saal, in dem auch einige seiner Gutsarbeiter warteten. Dort wurde er von einem elend aussehenden kleinen Mann gefragt, was er wünsche. „Ich will, dass meine Leute zur Arbeit kommen", antwortete er dem Mann, der Zigarrenhändler war und als Kommunist in der Stadt bekannt. „Wir streiken für höhere Löhne und bessere Arbeitsbedingungen, deshalb wird vorläufig niemand zur Arbeit kommen", war die erregte Antwort des Zigarrenhändlers. Sie wurde begleitet von Ausrufen der Umstehenden wie „Ausbeutung" und „Erpressung der Ärmsten der Armen". Jetzt wurde es Paul doch zu viel. Seinen Gutsarbeitern ging es gut, von arm oder gar den Ärmsten der Armen konnte keine Rede sein. Im Gegensatz zu den Arbeitern in den Fabriken konnte man sie fast als wohlhabend bezeichnen. Jeder von ihnen besaß sein eigenes Stück Land und bekam zusätzlich zum Lohn noch Deputat in Form von Getreide, Holz oder Schweinen zum Mästen. Aber das brauchte er hier niemandem zu erzählen, die Menschenmenge um ihn war in völligem Aufruhr. So richtete er seine Worte an den Zigarrenhändler, der von allen noch der Vernünftigste war. „Wenn wir die Ernte nicht einbringen, wird es nächstes Jahr keinen Zucker geben. Entweder sie sorgen dafür, dass meine Leute morgen auf dem Feld sind, oder sie kommen selbst zu mir und ernten die Rüben", sagte Paul in einem Ton, in dem er nur mühsam seine Empörung verbergen konnte. Nun mischte sich ein Mann in das Gespräch, in dem er einen Viehhändler erkannte, der in Hohen Wieschendorf schon Ochsen gekauft hatte, dessen Name ihm aber nicht einfiel. „Wenn ich an Ihrer Stelle wäre, Herr Glantz, würde ich die Leute mit dem Stock an die Arbeit treiben." – „Das kann man vielleicht mit Ochsen machen. Manchmal erscheint es mir aber tatsächlich so, als hätten meine Leute eine gewisse Ähnlichkeit mit den Ochsen im Stall", antwortete der Gutsherr dem Viehhändler. „Wo soll es denn hinführen, wenn niemand mehr arbeitet? Der Krieg war schon furchtbar genug und hat die Menschen ins Elend getrieben. Wenn jetzt noch Streiks dazukommen, dann werden wir die Scherben gar nicht mehr zusammenfegen können." Das Gespräch hatten viele der Taglöhner des Gutes, die auch in dem Raum versammelt waren, mitgehört. Gemurmel war zu vernehmen, aber niemand äußerte sich laut. Der Gutsherr ließ seinen strengen Blick noch einmal in die Runde wandern und machte sich dann auf den Heimweg. Was nach seinem Weggang im Offizierskasino passierte, davon bekam er nichts mehr mit. Aber am nächsten Morgen hatten sich seine Leute vollzählig zur Rübenernte eingefunden.

Billionen für nichts

Ein knappes Jahr nach Kriegsende bereicherte die Familie in Hohen Wieschendorf ein neues Mitglied. Es war Walter Glantz, der am 16. September 1919 als fünftes und letztes Kind von Paul und Edith geboren wurde. Es dauerte nur drei Stunden, bis er sich seinen Weg auf die Welt gebahnt hatte. Schon zu Beginn seines noch jungen Lebens meldete er mit kräftiger Stimme seine Ansprüche an. Schließlich musste er von nun an seine Rechte gegen vier ältere Brüder durchsetzen. Seine Mutter nahm das Geschrei gelassen, nach fünf Geburten war sie einiges gewöhnt.

Lebhaft ging es ohnehin zu im Haus und auf dem Hof. Es gab immer mehrere männliche Lehrlinge, die in der Landwirtschaft ausgebildet wurden. Dazu kamen junge Mädchen, die als Haustöchter alles lernten, was es in Haus, Küche und Garten an Arbeit gab. Meist waren es Töchter von anderen Gutsbesitzern oder sie stammten aus wohlhabenden Stadtfamilien. Einsam war es nie in den Räumen des Hohen Wieschendorfer Gutshauses. In großen Dimensionen musste deshalb gekocht und gebacken werden. Der große Herd in der Küche war ständig in Betrieb. Töpfe und Pfannen drängten sich dort aneinander und herrliche Gerüche breiteten sich aus. Zwei Tonnen Weißkohl wurden jedes Jahr zu Sauerkraut verarbeitet und im Winter mehrere Schweine geschlachtet. Zweimal im Monat wurden 50 Kilo Schrot zu Brot verbacken, von welchem dem Gutsherrn immer der knusprige Knust zustand. Dieses Privileg ließ er sich nicht nehmen. Als streng und manchmal auch ein wenig grob empfanden ihn die Lehrlinge, die Respekt, manchmal auch ein wenig Angst vor diesem großen breiten Mann besaßen. Edith errang ebenfalls den Respekt und gleichzeitig die Sympathie der jugendlichen Hausbewohner. Es waren ihre Geduld und ihre Wärme, die den Ausschlag dafür gaben. Manch einer der Lehrlinge wunderte sich darüber, welch gutes Einvernehmen zwischen diesen beiden so unterschiedlichen Menschen herrschte.

In den Sommermonaten bevölkerten das Gutshaus zusätzlich Cousins und Cousinen, Tanten und Onkel. In den Urlaub fuhr man in jener Zeit kaum oder gar nicht, also nutzte man die Gastfreundschaft von Verwandten, um den eigenen Horizont zu erweitern. Wenn am Horizont dann noch Himmel und Meer zusammentreffen wie in Hohen Wieschendorf, ergab das einen Grund mehr, sich dort aufzuhalten. Für die Gutsherrin war es immer eine gern gesehene Abwechslung, wenn sich die Verwandten, Nichten und Neffen gegenseitig die Klinke in die Hand gaben. Man erfuhr viel Neues, konnte auch mal richtig tratschen. Sie liebte dieses wundervolle Durcheinander in den Sommermonaten. Es erschien ihr dann, als sei sie der Kapitän eines Vergnügungsdampfers, der sich um das Wohl aller Passagiere zu kümmern hatte. Sie atmete zwar auf, wenn alle kleinen Besucher mit dem Kindermädchen am Strand, in der Scheune oder in der kleinen Kiefernschonung nahe der Steilküste spielten, aber im Grunde genommen liebte sie den Trubel. An den warmen Sommerabenden versammelten sich alle Gäste und Bewohner des Hauses bei Bowle und Keksen im Park. Wenn es dunkel wurde, zündete man Lampions und Fackeln an und die Kinder durften sich am Feuer Würste braten. An frischeren Abenden zogen sich die Männer zum Rauchen in das Kaminzimmer zurück, die Damen trafen sich im Salon von Edith.

Für Paul ging der arbeitsreiche Alltag unterdessen weiter. Wenn er nicht zwischen Mastochsen, Getreide und Rüben unterwegs war, verhandelte er mit Banken über neue Kredite. Über Grundsteuern, die in der Zeit der Weimarer Republik willkürlich festgesetzt und ständig erhöht wurden, ärgerte er sich maßlos. Aber er war dem Ganzen hilflos ausgeliefert. Zusätzlich zu dem Gut an der Ostsee und den beiden Höfen, die er in Beckerwitz bewirtschaftete, hatte er im Sommer 1923 noch ein Gut in Beidendorf, etwa 20 Kilometer südlich von Hohen Wieschendorf, gekauft. Auch dort wurden hohe Grundsteuern fällig, die er zusätzlich erwirtschaften musste.

In Deutschland herrschte wirtschaftliche Rezession. Diese Rezession und die zu zahlenden Reparationen als Folge des Krieges führten zu einer spektakulären Staatsverschuldung. Eine rasante Geldentwertung, die Inflation, war die Folge. Das Geld vermehrte sich in atemberaubendem Tempo – bekam quasi über Nacht Junge. Die wenigen Menschen, die Arbeit hatten, erhielten ihren Lohn täglich ausgezahlt und füllten mit den Geldscheinen ganze Aktentaschen. Kaufen konnten sie dafür im besten Fall ein Brot. Auf dem Höhepunkt der Inflation, im Oktober und November 1923, rechnete man nur noch in Billionen und die Nullen auf den Geldscheinen ließen sich kaum noch zählen. Viele Menschen, die für Notzeiten etwas gespart hatten, verloren durch die Geldentwertung ihren gesamten Besitz.

Einer von ihnen war Friedrich Glantz, der Vater des Gutsherrn. Wie schon seine Vorfahren betrachtete auch er die Landwirtschaft als seine Berufung. Das Gut Wölzow bei Wittenburg war der Ort seiner Kindheit, wo er 1846 geboren wurde. 78 Jahre später war der Mann, dem es durch kaufmännisches Geschick und Fleiß gelungen war, mehrere Güter zu bewirtschaften und auch seinen 12 Kindern eine Lebensgrundlage zu schaffen, bettelarm. Für seinen Lebensabend hatte er sich und seiner Frau Anna bei Güstrow das Haus „Auf dem Brunnen" gekauft und seine Ersparnisse sollten die beiden bis zu seinem Tod ernähren. Die Inflation hatte er jedoch nicht voraussehen können. Die Inflation, dieses gigantische Geldvernichtungsungeheuer, hatte alles aufgefressen, was er jemals besessen hatte. Seine Ersparnisse hatten sich innerhalb kürzester Zeit in wertloses Papier verwandelt und sogar das Haus musste verkauft werden. Damit war das Wertegefüge, das Friedrich Glantz von Kindheit an vertraut war, von einem Moment auf den anderen null und nichtig geworden. Dieses Wertegefüge des Landwirtes, den Besitz zu erhalten und möglichst noch zu vermehren, um ihn an die Nachkommen weiterzugeben. Ohne materielle Lebensgrundlage waren er und seine Frau nun im Alter von der Hilfe anderer abhängig. Diese Hilfe erhielten sie von Paul.

Im Frühjahr 1924 erreichten Friedrich und Anna Glantz, aus Güstrow kommend, das Gut Hohen Wieschendorf. Paul erschien sein Vater viel kleiner als früher, jetzt, da er ihn nach längerer Zeit wiedersah. Er hatte ihn als großen, sehr aufrecht gehenden Mann in Erinnerung. Seine stolze Haltung schien dieser nun verloren zu haben. Nur langsam und etwas unsicher stieg Friedrich Glantz aus der Kutsche und half dann seiner Frau beim Aussteigen. Das silbergraue dichte Haar und der wuchernde Vollbart umrahmten ein Gesicht, dessen immer zuversichtlicher und souveräner Ausdruck sich jetzt in Resignation verwandelt hatte. Die Augen blickten müde. Paul wollte sich seine Betroffenheit über die deutliche Veränderung seines Vaters nicht anmerken lassen. „Schön, dass ihr da seid", sagte er fröhlich, indem er seine Mutter und den Vater umarmte. „Bleibt erst mal ein paar Tage hier bei uns. Ich habe schon den Maler beauftragt, dass er das Haus in Beidendorf herrichtet. Wenn alles fertig ist, könnt ihr dort einziehen." – „Paul, wir sind dir sehr dankbar, dass du uns beiden Alten Obdach gibst, jetzt, wo wir alles verloren haben", sagte Friedrich Glantz, dem man die Ergriffenheit deutlich anmerkte. „Vater, das ist selbstverständlich. Du hast immer für uns gesorgt. Allen deinen Kindern hast du ein Startkapital gegeben, womit wir Fuß fassen konnten. Jetzt sind wir dran, etwas für unsere Eltern zu tun." – „Das hast du schön gesagt, Paul“, entgegnete sein Vater, der seine Rührung vor dem Sohn verbergen wollte. „Lass uns jetzt ins Haus gehen, meine müden Knochen müssen sich von der Reise erholen.“

An diesem Abend konnte Paul lange keinen Schlaf finden. Zu sehr hatten ihn das Wiedersehen mit den Eltern und dessen Umstände aufgewühlt. Edith lag schon lange gleichmäßig atmend neben ihm, da drehten sich seine Gedanken immer noch wie ein Mühlrad in seinem Kopf. Er ließ noch einmal seine Kindheit auf Roez und Grabenitz auferstehen. Die Erlebnisse, die er gemeinsam mit dem Vater hatte. Die Fischotterjagd, als der vereiste Bach aufgeschlagen wurde, um die Otter herauszulocken, der Hund sich aber in seinem Jagdeifer zu weit auf das Eis gewagt hatte. Sie mussten tatenlos zusehen, wie er ertrank. Er dachte auch an den Tod der Mutter und wie sehr sie alle darunter litten. Der darauf folgende Umzug auf das Gut Grabenitz und die neue Frau seines Vaters waren ein Teil dieses Gedankenkarussells. Dann fiel ihm Holzendorf ein, die Domäne, die sein Vater für ihn gepachtet hatte, um ihn aus Ostpreußen zurückzuholen. Die strenge Reaktion des Vaters, als Holzendorf wirtschaftlich nicht sofort erfolgreich war, und seine Drohung, ihm den Hof wieder wegzunehmen. Jetzt, rückblickend, war er ihm dankbar für diese Lektion. In diesem Zusammenhang wurde er sich auch bewusst, was es für den Vater bedeutet haben mag, als er das Gut in Grabenitz verkaufte, um mit diesem Geld seinen Kindern den Weg in die Selbstständigkeit zu ebnen. Ohne diese finanzielle Hilfe des Vaters hätte er sich selbst für den Kauf von Hohen Wieschendorf viel höher verschulden müssen. Sein Vater dachte und handelte immer sehr wirtschaftlich und erzog auch seine Kinder in diesem Sinne. Paul konnte noch immer keinen Schlaf finden. Er stellte sich vor, wie sich sein Vater fühlen mochte, jetzt an seinem Lebensabend um alles gebracht worden zu sein, was er sich erarbeitet hatte. Er überlegte, wie er es in Beidendorf seinen Eltern so bequem wie möglich machen könnte. Ob es ihm wohl gelänge, aus seinem Vater wieder den Friedrich Glantz zu machen, als den er ihn immer kannte – einen selbstbewussten und lebensfrohen Mann? Erst gegen Morgen gelang es Paul in einen leichten kurzen Schlaf zu fallen.

Noch sechs Jahre lebten Friedrich Glantz und seine zweite Frau Anna in Beidendorf. Leider gelang es Paul nicht, seinem Vater den Lebensmut zurückzugeben, den dieser immer besessen hatte. Bis zu seinem Tod, am 3. Dezember 1930, blieb Friedrich Glantz ein gebrochener und resignierter Mann.

Ein Boot für eine Streichholzschachtel

Auf Paul Glantz hatte die Inflation weniger dramatische Auswirkungen. Er zog sogar einen kleinen Vorteil daraus. Eines Abends, er saß zusammen mit Edith im Kaminzimmer bei einer Tasse Tee, sagte er zu ihr: „Ich habe das Angebot bekommen, ein ausgemustertes Minensuchboot zu kaufen." – „Was willst du denn jetzt mit einem Minensuchboot?", fragte Edith erstaunt, „der Krieg ist doch lange vorbei." – „Langhof kann mit seinem klapprigen Boot unsere Ernte nicht mehr nach Wismar schleppen. Wir brauchen unbedingt etwas Neues, um die Schuten zu schleppen. In Hamburg kann ich günstig so ein Boot haben." Edith wunderte sich zwar manchmal über die ausgefallenen Ideen ihres Mannes, aber meistens stellte sich später heraus, dass seine Einfälle gut durchdacht waren. „Bringst du denn mir und den Kindern etwas mit, wenn du aus Hamburg zurückkommst?" – „Da gibt es doch bloß Fisch, den haben wir hier selber in Massen", brummelte Paul, der längst allein auf die Idee gekommen war, vielleicht Süßigkeiten oder etwas anderes Schönes aus der Stadt mitzubringen. „Der Zug fährt morgen früh um fünf aus Wismar", sagte er noch, bevor er das Zimmer verließ, um noch seinen abendlichen Rundgang über die Felder zu machen.

Am frühen Abend des nächsten Tages kam er abgespannt und erschöpft aus Hamburg zurück. Die Arbeit auf dem Hof und den Feldern ermüdete ihn längst nicht so sehr wie der Lärm und das Durcheinander in der Großstadt. Er konnte es nicht verstehen, dass Menschen sich wohl fühlten, wenn sie so dicht gedrängt auf engem Raum lebten und kaum etwas Grünes zu sehen bekamen. Wie froh war er, als er mit dem Pferdewagen von Wismar gemütlich auf dem Sandweg nach Hause zockelte und hinter Beckerwitz schon das Gutshaus in der Abendsonne sah. Außer ein paar kreischenden Möwen und einem hustenden Dorfhund störten keine Geräusche. Paul war zufrieden. Die Kinder würden sich freuen über die Kleinigkeiten, die er ihnen mitgebracht hatte. Für Edith hatte er einen Goldgürtel bekommen, den sie sich schon lange wünschte. Die Preise für all die Kleinigkeiten waren allerdings seit seinem letzten Besuch in Hamburg um ein Vielfaches angestiegen. Aber das wichtigste Ergebnis seiner Reise war der unterschriebene Vertrag für das Minensuchboot. Den Preis dafür hielt er zwar für reichlich hoch, aber das war nun mal das Ergebnis der allgemeinen Teuerung. Die Bezahlung würde erst in zwei Wochen fällig werden, wenn das Boot in Wismar angekommen war. Was er zu diesem Zeitpunkt noch nicht ahnte, war, dass das Geld in diesen zwei Wochen so rasant an Wert verlieren würde, dass der vereinbarte Preis für sein neues Transportmittel nur noch dem einer Streichholzschachtel entsprechen würde. Einige Zeit nachdem das Boot in Hohen Wieschendorf angekommen und auch bezahlt war, wurde der Inflation mit einer Währungsreform ein Ende gesetzt. Die völlig wertlose Reichsmark wurde durch die Rentenmark ersetzt. Die endlosen Nullen auf den Geldscheinen verschwanden von einem Tag zum anderen und das Geld hatte damit wieder einen realen Wert. Das Minensuchboot aber, das Paul zuvor zum Preis einer Streichholzschachtel gekauft hatte, diente ihm noch mehr als zwanzig Jahre als Schleppkahn für seine Schuten. Das Glück hatte sich in diesem Fall also für ihn entschieden.

Glück ist kein Freund, auf den man sich zu jeder Zeit verlassen kann. Es ist vielmehr eine von allen bewunderte und damit launische Diva. Nie bleibt sie einem Geliebten lange treu. Auch für Paul war sie keine ständige Begleiterin. Der Hof, den er in Beidendorf gekauft hatte, war wegen der schweren Böden und der vorangegangenen Misswirtschaft nicht rentabel zu bewirtschaften. Die Arbeit dort machte ihm nie wirklich Freude. 1933, drei Jahre nach dem Tod seines Vaters, verkaufte er diesen Hof wieder. Auch den Pachthof der Baronesse von Langen in Beckerwitz hatte er inzwischen wieder aufgegeben. Das bedeutete aber nicht, dass es dem Landwirt an Arbeit mangelte. Viel Zeit und Arbeit kostete ihn die Zwangsverwaltung und Testamentsvollstreckung für das Gut eines Onkels seiner Frau. Das Gut Groß Welzin westlich von Schwerin war hoch verschuldet, als sein Besitzer, Heinrich Bock, 1933 starb. Es war keine leichte Aufgabe für Paul, diesen maroden Betrieb über Wasser zu halten. Andere Sorgen drückten ihn zusätzlich. In Folge der Inflation und der Weltwirtschaftskrise stiegen die Grundsteuern in enorme Höhen und für jeden Betrieb mussten Zwangshypotheken aufgenommen werden. Die Preise für landwirtschaftliche Produkte fielen. Ein weiterer wirtschaftlicher Faktor, der zum Nachteil für den Gutsherrn wurde, war der plötzliche Anstieg der Kraftfutterpreise. Das Futter, das er für seine Mastochsen benötigte, war so teuer geworden, dass die Mast in Hohen Wieschendorf, wo es nur wenig Weideland gab, nicht mehr lohnte. Aber er war als Landwirt daran gewöhnt, sich mit unbequemen Bedingungen abzufinden. Wenn das Wirtschaften auf die eine Weise nicht funktionierte, musste man sich eben eine andere überlegen. Aber wieder einmal war es auch das Glück, das ihm neben seinen Überlegungen und Plänen zu Hilfe kam.

Es kam in Gestalt der Brüder Hamkens, zweier Marschbauern und Viehhändler aus Tönning an der Nordseeküste, zu Paul Glantz. Schon seit einigen Jahren kaufte er dort seine Kälber für die Mast. Es war jedesmal eine lange Reise, um dorthin zu gelangen. Aber er mochte diese platte Landschaft sehr. Sie bildete den vollkommenen Gegensatz zu seiner mecklenburgischen Heimat. Der Wind tobte fast immer über die Weideflächen, zwischen denen es kaum Bäume gab. Kein Buschwerk, kein Hügel lenkte das Auge vom unendlichen Grün ab. Es war Marschland, bestes Weideland. Für Paul sollte es eigentlich die letzte Reise nach Tönning sein, denn er befasste sich ernsthaft mit dem Gedanken, die Rindermast aufzugeben. Dazu sollte es aber nicht kommen, denn die Marschbauern wussten Rat. Nach dem einen oder anderen Bier, das die drei zusammen im Dorfkrug geleert hatten, machten die beiden Friesen ihm einen Vorschlag. „Herr Glantz, was halten Sie davon, hier bei uns an der Eider Weideland zu kaufen und Ihre Ochsen hier zu mästen?“ Im Kopf des Gutsherrn arbeitete es. Vielleicht war dieser Gedanke gar nicht so schlecht. „Dazu müsste ich aber erst mal Land haben“, antwortete er nach einem weiteren Schluck aus dem Glas. Er strich sich den weißen Schaum aus dem Schnautzbart und sah die Brüder fragend an. Die grinsten einander zu. Hugo, der ältere von beiden, schob sich die Daumen unter die Hosenträger und lehnte sich gemütlich zurück. Sein Bruder Ole rief dem Wirt zu: „Bring uns noch eine neue Runde, wir haben Durst.“ Nachdem sie den Mecklenburger noch eine Weile auf die Folter gespannt hatten, rückten sie endlich mit ihrem Wissen heraus: „Unser Nachbar, Maack Tiebensee, ist gestorben und seine Söhne müssen verkaufen, weil sie verschuldet sind.“ – „Wie viel Weide ist das denn, die da verkauft werden soll?“ – „Sie können 25 Hektar haben, über den Preis müssen Sie sich mit der Bank einigen.“ Das klang nicht schlecht. „Ich werde mal darüber nachdenken“, war seine Antwort, bevor Paul eine neue Runde bestellte. Bierseelig verließen die drei eine Stunde später das Gasthaus. Den nächsten Vormittag nutzte der Gutsherr, um bei der Bank in Husum den Preis für das Land zu erfahren. Nachdem er ein paar Berechnungen angestellt hatte, ob sich das Ganze lohnen würde, entschloss er sich im Sommer 1934 zum Kauf des Weidelandes, auf dem er später jedes Jahr 60 bis 70 Ochsen mästete und anschließend auf dem Viehmarkt in Husum verkaufte. Dass dieser Landkauf ein ausgesprochener Glücksgriff war, wurde ihm erst 11 Jahre später klar. Von allem, was er besaß, lagen nur diese 25 Hektar Marschweide an der einzig richtigen Stelle in einem von den alliierten Siegermächten verwalteten Land. Sie waren nach Ende des Zweiten Weltkriegs alles, was vom gesamten Besitz der Landwirtsfamilie übrig blieb.

„Ik bün P. G.“

Aber noch war es nicht soweit. Noch verdunkelten keine neuen Kriegswolken den Himmel über Deutschland und Hohen Wieschendorf. Der „Anstreicher aus Österreich“, wie man ihn anfangs geringschätzig nannte, hatte mittlerweile die Macht ergriffen. Der normale ländliche Alltag ging zunächst noch ungestört weiter. Mit den Behörden, als dienstbeflissene Gehilfen des Regimes, war allerdings nicht zu spaßen. Auch Paul Glantz blieb vor deren Willkür nicht verschont. Er griff zu einer kleinen Eulenspiegelei, um sich wenigstens ein klein wenig bei den bornierten Beamten zu revanchieren. Um einen Antrag genehmigen zu lassen, machte er sich eines Tages auf den Weg ins Wismarer Rathaus. Dort ließ man ihn lange warten, bevor er sein Anliegen vortragen durfte. Dann hieß es, man müsse den Antrag erst prüfen, bevor man ihn genehmigen könne. Er müsse später noch einmal wiederkommen. Wenn er allerdings PG – die damals übliche Abkürzung für Parteigenosse – sei, würde der Antrag vorrangig entschieden werden. Daraufhin Paul Glantz grinsend: „Ik bün P.G.“ Es ärgerte ihn maßlos, dass Entscheidungsträger in den Behörden nicht aufgrund ihrer Fachkompetenz, sondern nur wegen des Parteiabzeichens auf ihrem Stuhl saßen. Dass er kein Parteigenosse war, hatte man auf der Behörde aber schnell bemerkt. Als Lügner bezichtigte man ihn bei seinem nächsten Erscheinen im Wismarer Rathaus. Dies wollte er nicht auf sich sitzen lassen und er wiederholte noch einmal ganz langsam seine Initialen. „Klor, bün ik P.G. Ik bün doch Paul Glantz ut Wieschendörp.“

Sein Sinn für Ironie wurde ergänzt durch voraussehende Fähigkeiten. Schon anlässlich des Röhmputsches 1934, bei dem rund 200 führende SA-Vertreter als Gegner Hitlers von der Reichswehr erschossen wurden, schrieb Paul Glantz an eine Bekannte in Ostpreußen. In diesem Brief äußerte er, dass die Zeit so schnelllebig wäre, dass man das Ende des „Tausendjährigen Reiches“ wohl noch erleben werde. Wie sehr er mit seiner Voraussage Recht behalten sollte, zeigte sich schon 11 Jahre später. Vom Zeitpunkt des Röhmputsches an war er sich der verbrecherischen Absichten dieses Regimes gänzlich bewusst, das er unglücklicherweise selbst gewählt hatte.

Es sprach sich in Wismar und Umgebung herum, dass Paul Glantz kein Anhänger der braunen Regierung war. Mit einer gewissen Naivität, die gepaart war mit dem Selbstbewusstsein, das er als erfolgreicher Landwirt besaß, äußerte er während der gesamten Nazizeit offen seine Meinung. Gutmeinende Warnungen, die er deswegen erhielt, nahm er nicht sehr ernst. Die Kreisbauernschaft, eine systemtreue Vereinigung der Bauern, warb vergeblich um seine Mitgliedschaft. Nie betrat Paul Glantz deren Geschäftsstelle in Wismar, auch wenn er dorthin eingeladen wurde. Wenn es etwas mit dieser Vereinigung zu klären gab, erledigte er dies schriftlich.

In Hohen Wieschendorf wurde das alljährliche Erntefest vorbereitet. Gemeinsam mit seinem Vorarbeiter, der Mamsell und seiner Frau besprach der Gutsherr die Einzelheiten. „Wir werden die Tenne im Kuhstall ausräumen und dort Platz zum Essen und Tanzen schaffen. Du nimmst dir zwei Leute und sorgst dafür, dass alles blitzblank ist", wandte sich Paul an den Vorarbeiter. „Soll die Erntekrone über den Tisch oder über die Tür gehängt werden?", fragte der und sah dabei Edith an. „Hängt sie doch an den mittleren Balken, da kann sie jeder sehen", war Ediths Antwort, und an die Mamsell gerichtet fügte sie an: „Wir müssen noch ein Schwein und 12 Hühner schlachten." – „Zum Tanzen werden wir wieder die Kapelle vom letzten Jahr einladen, da kam gute Stimmung auf", sagte Paul. „Die haben doch soviel Bier und Köm getrunken", warf die Mamsell ein. „Wir feiern doch nur einmal im Jahr Erntefest, da können die Musiker ruhig mal einen trinken", war die Meinung des Gutsherrn. Er kündigte außerdem an, dass alle langjährigen Mitarbeiter, die mehr als 12 Jahre auf dem Gut arbeiteten, eine Prämie bekommen sollten.

Drei Tage vor dem Erntefest bekam der Gutsherr einen Brief der Kreisbauernschaft. Was in diesem Brief stand, empörte ihn außerordentlich. Sein Bruder Hermann, der gerade zu Besuch war, diente ihm als Blitzableiter für seinen Ärger. „Das ist ja wohl eine Frechheit, was die mir hier in dem Wisch schreiben, Hermann", dröhnte er laut, als er in die große Diele kam, in der Hermann und Edith zusammen saßen. „Was ist denn los?", fragte der. „Was ist dir denn für eine Laus über die Leber gelaufen?" – „Die lästigen Schmeißfliegen von der Kreisbauernschaft haben gehört, dass ich meine Mitarbeiter prämieren will. Die sind der Meinung, dass sie bei so einem Ereignis auch dabei sein müssten, um den Leuten zu gratulieren." – „Nun beruhige dich erst mal", versuchte Edith die schlechte Laune ihres Mannes abzudämpfen. Hermann stimmte seinem Bruder zu: „Wenn es was zu feiern gibt, dann sind diese Typen immer ganz schnell dabei.“ Paul hatte sich noch nicht beruhigt. „Das könnte denen so passen. Ich prämiere meine Leute, die mit mir alt geworden sind, allein. Wenn die Schmarotzer aus Wismar den Leuten auch etwas zahlen wollen, sollen die sie selber einladen. Mein Haus betreten die jedenfalls nicht.“ Mit lautem Gepolter verließ er daraufhin die Diele. Einen ähnlich drastischen Wortlaut verwandte der Gutsherr auch in seinem Antwortschreiben an die Kreisbauernschaft. Der Brief verfehlte seine Wirkung nicht. Bei ihrem Erntefest blieben die Hohen Wieschendorfer unter sich. Der ungebetene Besuch aus der Kreisstadt ließ sich nicht blicken.

Die Glantz-Söhne waren inzwischen herangewachsen. Drei von ihnen waren genauso von der Landwirtschaft fasziniert wie ihr Vater. Günther, der Älteste, kam nur noch selten nach Hohen Wieschendorf. Ähnlich wie Paul als junger Mann wanderte er durch mehrere Landwirtschaftsbetriebe, um möglichst viel zu lernen. Mit Ninchen, die offiziell Paula Elisabeth Rösingh hieß, war er inzwischen verlobt. Auch Kurt hatte sich für den Beruf des Landwirts entschieden. Paul Friedrich wollte Kapitän werden und lernte bei einer Reederei in Hamburg. Werner, der zweitjüngste der fünf Brüder, war ausschließlich mit Technik zu begeistern und wurde Elektriker. Nur Walter, der jüngste der fünf, lebte noch in Hohen Wischendorf. Auch er lernte in der Landwirtschaft, um sie später zu seinem Beruf zu machen.

An einem milden Frühlingsabend betrat Edith das Büro ihres Mannes. Der saß am Schreibtisch und widmete sich dem ungeliebten Papierkrieg. „Paul, es ist so herrliche Luft draußen, lass uns doch mal runter an den Strand gehen“, unterbrach sie seine Arbeit. „Ich hab noch zu tun Edith“, war seine knappe Antwort. „Paul, du musst nicht bei diesem schönen Wetter im Büro sitzen, deine Abrechnung kannst du auch morgen machen.“ – „Wer weiß, was morgen wieder alles passiert“, versuchte er sie von ihrem Vorhaben abzulenken. Aber sie gab nicht nach. „Du kannst doch bei der Gelegenheit gleich mal nach dem Weizen sehen.“ – „Na gut, du lässt mich ja doch nicht in Ruhe, eine Stunde können wir ruhig rausgehen“, antwortete er und war insgeheim froh, um die Schreibtischarbeit herumzukommen. Gleich hinter dem Gutshaus begann der Weg, der sich durch die Felder schlängelte und am Strand endete. Rechts vom Weg, in etwa einem halben Kilometer Entfernung, erhob sich majestätisch die Kiefernschonung, bevor es hinunter ans Wasser ging. Die Kiefern, die Paul an der Böschung der Steilküste als Windschutz gepflanzt hatte, waren schon um die sechs Meter hoch. Durch ihre grünen Äste sahen die beiden im Näherkommen die weite Fläche des Meeres leuchten. „Ich weiß noch, wie klein die Bäume waren, als du sie gepflanzt hast. Sie sind unheimlich schnell gewachsen", stellte Edith fest. Paul sah sie nachdenklich von der Seite an und antwortete: „Das ist genauso wie mit unseren Kindern. Wie schnell sind sie groß geworden, mir kommt es vor, als wäre es gestern, als sie noch hier in der Schonung Kaninchen aufgescheucht und Versteck gespielt haben." Plötzlich sprang er von der Böschung hinunter auf den nächsten Absatz der Steilküste und versank dabei mit den Füßen im Sand. Edith lachte darüber und nahm selbst den Weg, der sanft von der Steilküste abwärts an den Strand führte. Sie zog Schuhe und Strümpfe aus und ließ den noch kühlen Sand durch die Zehen rinnen. „Jetzt bist du über sechzig Jahre alt und ich bin auch schon eine alte Frau, aber wir benehmen uns wie Kinder", rief sie ihrem Mann lachend zu. Barfuß schlenderten die beiden am Ufer entlang durch den Sand, dem heraneilenden noch sehr kalten Wasser ausweichend. Edith sah ihren Mann an, dessen vorherige Unbekümmertheit sich nun in Nachdenklichkeit verwandelt hatte. Wortlos lief er neben ihr her. „Hast du irgendwelche Sorgen?", fragte sie ihn. „Sorgen kann man das nicht nennen, aber ich habe gerade an die Kinder gedacht. Wenn Günther demnächst eine Familie gründet, muss er einen Hof haben, auf dem er wirtschaften kann", war Pauls Antwort. Darüber nachgedacht hatte er schon seit längerem und er hatte sogar schon erste Kontakte für einen eventuellen Kauf aufgenommen. Nur mit seiner Frau hatte er noch nicht darüber gesprochen. Es blieb ihnen immer wenig Zeit füreinander. „Ich habe neulich von einem Rechtsanwalt gehört, dass in Datzow auf Rügen ein Hof zu verkaufen wäre. Die Gebäude sollen zwar sehr heruntergekommen sein, aber dafür ist der Boden gut." Edith verlangsamte ihre Schritte und sagte zu ihrem Mann: „Wie ich dich kenne, hast du morgen schon den Notartermin und ich erfahre es wie immer als Letzte." – „Ach Edithchen, du weißt doch, dass ich immer soviel im Kopf habe und manchmal vergesse, dir etwas zu erzählen", entschuldigte sich Paul und fügte an: „Einen Notartermin habe ich noch nicht, aber ich will nächste Woche nach Rügen fahren und mir den Hof ansehen."

Der Hof in Datzow wurde im Januar 1938 gekauft. Die 200.000 Mark für den Kauf teilten sich Paul Glantz und der Vater von Ninchen Rösingh. Für Günther Glantz und Ninchen Rösingh, die im März 1938 heirateten, wurde es der erste gemeinsame Haushalt, dem später noch andere folgen sollten. Was die Zukunft bringen würde, war jedoch nicht vorherzusehen und so machte sich das frischverheiratete Paar mit Unterstützung von Paul gleich an die Arbeit auf dem Hof. Es wurde drainiert und mit dem abfließenden Wasser ein Karpfenteich gefüllt. Neue Ställe und Wohnhäuser entstanden auf dem Hof. In die Scheune wurden Wohnungen für Saisonarbeiter eingebaut. Vom Feld bis an die Straße verlegte man Gleise für eine Rübenbahn, um die Rüben einfacher in die Stralsunder Zuckerfabrik transportieren zu können. Das Gutshaus erhielt ein Badezimmer und eine Veranda, unter der eine Autogarage Platz fand. Nur der Keller konnte nicht mehr saniert werden, denn die örtlichen Machthaber der Partei verhängten einen Baustopp. Ein gutes Jahr nach der Hochzeit von Günther und Ninchen Glantz kam zu den üblichen Geräuschen auf einem Bauernhof auch Babygeschrei. Am 11. Juli 1939 wurde das erste Kind der beiden geboren. Dürten hieß das kleine Mädchen, das aus dem Paar eine Familie machte.

Edith und Paul waren also Großeltern geworden. Ein Brief aus Datzow erreichte die beiden, in dem Günther ihnen die erfreuliche Nachricht mitteilte. „Edith, ich glaube, das ist ein guter Anlass, mal eine Flasche Mosel aus dem Keller zu holen“, sagte Paul, der im Allgemeinen nicht viel von Luxus hielt. Edith nahm inzwischen die guten Kristallgläser aus dem Schrank, der im großen Speisesaal stand. Mit dem Geschirrtuch wischte sie einmal darüber. Schon seit über einem Jahr waren die Gläser nicht mehr benutzt worden. „Wir trinken auf unsere Enkelin und darauf, dass es uns gesundheitlich noch lange gut geht hier in Wieschendorf“, Paul hob sein Glas und stieß mit seiner Frau an. „Auf unsere Enkelin und auf deine Gesundheit, Paul“, erwiderte Edith, die sich um seine gelegentlichen Rückenschmerzen sorgte. „Ich möchte gern noch etwas mit dir besprechen“, sagte Paul. „Wir feiern ja nun bald meinen 65. Geburtstag und da habe ich mir mal ein paar Gedanken gemacht.“ Edith wunderte sich über das etwas pathetische Benehmen ihres Mannes. So kannte sie ihn sonst gar nicht. Neugierig geworden, fragte sie: „Was hast du dir denn für Gedanken gemacht?“ – „Ich möchte gern das Erbe für die Kinder festlegen.“ – „Paul, wir haben bestimmt noch viele Jahre vor uns, da brauchst du noch nicht ans Vererben denken.“ – „Es ist besser, man regelt alles beizeiten, sonst gibt es später Streit“, war seine Antwort. Dann zog er feierlich seine Weste glatt, fuhr sich mit dem Zeigefinger über den Nasenrücken und breitete seine Gedanken vor Edith aus: „Also ich dachte mir, dass Günther, als Ältester, Hohen Wieschendorf bekommt. Kurt soll Datzow erben. Paul Friedrich kann die Marschweiden in Friesland haben und Walter geht auf den Hof in Beckerwitz." – „Das hast du dir ja ziemlich schlau ausgedacht", sagte Edith, „du hast nur Werner vergessen." – „Werner bekommt Geld, damit kann er sich an einem Elektrotechnikgeschäft beteiligen." Edith war nach mittlerweile mehr als drei Jahrzehnten Ehe immer noch erstaunt darüber, wie sehr ihr Mann vorausdachte und die Zukunft plante. Dass seine Planungen wenige Jahre später gegenstandslos sein würden, das ahnte an diesem schönen Abend noch keiner von den beiden.

Mit dem Boot nach Westen

Dass es wieder Krieg geben würde, kündigte sich schon einige Zeit vorher an. In Deutschland wurde mit voller Kraft aufgerüstet und Hitler brüstete sich damit, dem deutschen Volk „Lebensraum“ im Osten verschaffen zu wollen. Mit dem nur vier Wochen dauernden Blitzkrieg gegen Polen begann das Elend, das sich als Kettenreaktion zum Zweiten Weltkrieg auswuchs. 62 Millionen Menschen ließen in diesem Krieg ihr Leben, viele Millionen verloren ihre Heimat und ihren Besitz.

In Hohen Wieschendorf bangten Paul und Edith, genau wie alle anderen Eltern zu jener Zeit, um ihre Söhne. Günther wurde zwar gleich zu Beginn des Krieges nach Frankreich eingezogen, es gelang ihm aber, seine Wirtschaft in Datzow als kriegswichtigen Betrieb einstufen zu lassen. So blieb er bis 1944 vom direkten Einsatz an der Front verschont, wurde dann als Ausbilder eingezogen. Bei Kriegsende geriet er in russische Gefangenschaft, aus der ihm im August 1945 die Flucht gelang. Kurt musste den Russlandfeldzug miterleben, wo er einen Granatsplitter in den Rücken bekam, der nur knapp die Wirbelsäule verfehlte. Paul Friedrich fuhr Geleitschiffe und geriet dabei mehrfach in Lebensgefahr. Werner war auf einem Torpedoboot eingesetzt, später als Infanterist und wurde am Arm verwundet. Auch Walter musste nach Russland. Er erfror sich dort die Füße. Wie durch ein Wunder überlebten alle fünf Glantz-Söhne diesen schrecklichen Krieg, der unzählige Familien weitaus größere Opfer kostete.

Im Frühling des Jahres 1945, ein Ende des Krieges war schon abzusehen, bekam Hohen Wieschendorf einige Besucher. Wobei Besucher nicht der richtige Ausdruck ist. Es waren Flüchtlinge, die sich einfanden, weil sie sich dort, etwas weiter westlich, ein wenig mehr Sicherheit erhofften. Fast jeder hatte Angst vor den Russen, die ungebremst auf dem Vormarsch waren. Eines Nachmittags kam Ninchen mit ihren inzwischen fünf Kindern aus Datzow. Enno, der Jüngste, war erst ein gutes halbes Jahr alt und wurde von ihr auf dem Arm getragen. Einer der Gutsarbeiter hatte den Pferdewagen schon von weitem kommen sehen. „Frau Glantz, Ihre Schwiegertochter ist da“, rief er ins Haus. Edith ließ fallen, was sie gerade in der Hand hatte, und rannte hinaus auf den Hof. „Ninchen, bin ich froh, dass ihr heil hier angekommen seid. Geht es den Kindern gut? Ihr habt doch bestimmt ganz großen Hunger. Kommt erst mal rein." Vor lauter Aufregung und Freude überschlug sie sich fast. „Paul, die Kinder sind da", rief sie ins Büro, um sich sofort wieder ihrer Schwiegertochter zuzuwenden. „Setzt euch erst mal. Ihr seht ja ganz abgekämpft aus. Ich werde der Köchin sagen, dass sie euch etwas zu essen macht. Am besten, wir bringen die Kinder nachher gleich ins Bett. Ich werde schon mal Wasser in die Badewanne einlassen." Ninchen war froh, nach zweitägiger Fahrt mit dem Pferdewagen und einem Zwischenstopp in Ribnitz endlich angekommen zu sein. Sie war auch zufrieden, jetzt nicht reden zu müssen. Endlich konnte sie sich ausruhen, einfach alles ihrer Schwiegermutter überlassen. Erst später, als die Kinder schon im Bett waren, erzählte sie Paul und Edith von der abenteuerlichen Fahrt. Viele Entwurzelte waren ihr unterwegs begegnet, meist zu Fuß und nur mit einem Handwagen unterwegs. Vor Hunger weinende Kinder hatte sie gesehen, deren Mütter sie kaum dazu bewegen konnten, einen Schritt vor den anderen zu tun. Es herrschte ein beispielloses Elend überall im Land.

Als Ninchen in Hohen Wieschendorf angekommen war, traf sie dort auf ihre Schwägerin Erika mit deren Kindern und die Kinder von Werner. Sie waren schon einige Wochen vor ihr eingetroffen, während Ninchen versuchte, in Datzow so lange wie möglich die Stellung vor den anrückenden Russen zu halten. Letztendlich waren alle froh, in diesen bedrohlichen Zeiten einen Ort zu haben, der ihnen scheinbar Sicherheit bot. Aber diese Sicherheit war trügerisch.

Täglich hörte man vom weiteren Voranschreiten der russischen Truppen in Richtung Westen. Die Angst vor den Russen, die bei den Menschen vorherrschte, war unter anderem durch die antibolschewistische Propaganda des Naziregimes ins Unermessliche gestiegen. Von Zerstörung und Chaos war das ganze Land gezeichnet, aber man nahm an, dass in den von den westlichen Alliierten eroberten Regionen zumindest keine Gefahr für das eigene Leben bestand. Auch bei den Bewohnern und Gästen von Hohen Wieschendorf wuchs die Angst. „Paul, wir müssen jetzt weg", sagte Edith entschlossen zu ihrem Mann, nachdem sie in den vorangegangenen Tagen schon mehrfach die Möglichkeiten einer Flucht erwogen hatten. „Wir können doch hier nicht alles im Stich lassen. Alles, was wir in mehr als dreißig Jahren aufgebaut haben, soll ich jetzt den Russen überlassen?", war seine Reaktion. Erst als seine Schwiegertöchter Ninchen und Erika ihn mit den Worten bedrängten: „Willst du, dass deine Enkel von den Russen umgebracht werden?“, konnte er sich den Argumenten der Frauen nicht mehr verschließen. Zu viel hatte man schon von Vergewaltigungen und brutalem Wüten der Russen unter der Zivilbevölkerung gehört. Was die enthemmten deutschen Soldaten zuvor auf dem Russlandfeldzug angerichtet hatten, wurde dagegen totgeschwiegen. Davon erfuhr man an der Heimatfront nichts. So wurde also von den Hohen Wieschendorfern beschlossen, das Nötigste zusammenzupacken. Schon am nächsten Tag wollte man mit dem altgedienten und treuen Minensuchboot auf der Ostsee Richtung Westen schippern. Der Weg über das Wasser bot noch die größtmögliche Sicherheit.

Mit unterschiedlichen Gefühlen bestieg die Familie am darauffolgenden Morgen das Boot. Die Frauen atmeten erleichtert auf, nun erst einmal auf dem Wasser zu sein. Paul Glantz wandte voller Besorgnis vom Heck des Bootes seinen Blick rückwärts auf seinen Besitz. Wehmut überkam ihn, die er jedoch schnell unterdrückte mit dem Entschluss, so bald wie möglich zurückzukehren – Russen hin oder her. Die Leinen wurden losgemacht und der Motor angeworfen. Nach einer guten halben Stunde Fahrt durchbrach die bis dahin friedliche Stille auf dem Wasser ein lautes Jaulen, das immer näher kam. Aus dem Jaulen wurde ein infernalischer Krach. Flugzeuge näherten sich aus Richtung Westen. Ehe die Flüchtlinge recht begriffen, was passierte, schlugen schon Granaten in das Wasser ein. Die Folge der Detonationen waren gewaltige Wasserfontänen, die sich erhoben und in ihrem anschließenden Zusammenbruch das kleine Boot gefährlich zum Schlingern brachten. „Schickt die Kinder schnell unter Deck“, ordnete Paul an, der am Steuer des Bootes stand. Die Kleinen hatten schon angefangen zu weinen und lähmende Angst machte sich breit auf dem Schiff. Zwei Gefahren, von denen niemand wusste, welche nun größer war, bedrohten die Flüchtlingsgruppe. Das Boot konnte direkt von einer Granate getroffen werden oder aber durch die Detonationswellen zum Kentern kommen. Mit angstvoller Anspannung beobachteten die an Deck gebliebenen Erwachsenen den Himmel über sich. Keiner glaubte in diesen Minuten, die sich wie endlose Stunden auszudehnen schienen, daran, sicher das Land zu erreichen. Aber so plötzlich wie die Flugzeuge am Himmel auftauchten, verschwanden sie auch wieder. Ein wenig Erleichterung überkam die Flüchtlinge. Jetzt wollten sie nur noch den nächsten Hafen anlaufen und das Boot verlassen. Nach etwa einer halben Stunde Fahrt erreichte die kleine Gruppe den Hafen von Lübeck. Als sie dort festmachen wollten, erfuhren sie, dass niemand von Bord gehen dürfe und dass sie den Hafen sofort wieder zu verlassen hätten. Voller Enttäuschung und Angst machten sie sich auf die Weiterfahrt. Der nächste größere Hafen war Kiel. Mittlerweile war es Abend geworden und es bestand die dringende Notwendigkeit, das Boot zu verlassen. Auch in Kiel erlebten sie die gleiche Enttäuschung wie in Lübeck. Die Fahrt, die so hoffnungsvoll begonnen hatte, drohte zur Katastrophe zu werden. Dementsprechend war die Stimmung an Bord. „Was machen wir nur, wenn wir nirgendwo an Land dürfen?“, jammerte Erika. „Irgendwann ist unser Sprit am Ende, dann ist es sowieso vorbei mit unserer Fahrt“, ließ sich Ninchen von ihrer Schwägerin anstecken. Paul beschloss, die schlechte Stimmung mit einem Scherz zu entspannen. „Wenn der Sprit alle ist, dann werden wir eben alle rudern.“ Edith versuchte Zuversicht auszustrahlen. „Wir können noch nach Eckernförde, Kappeln und Flensburg. Irgendwo werden sie uns schon an Land lassen.“ Als sie gerade die Leinen wieder losmachen wollten, kam ein Mann von der Hafenwache an Bord. „Bleiben sie hier“, rief er Paul zu, „es wurde gerade wieder Fliegeralarm angekündigt. Sie können hier im Luftschutzbunker übernachten. Sie müssen aber an einen anderen Liegeplatz. Den zeige ich ihnen gleich.“ Mit Erleichterung vernahmen die Flüchtlinge diese Nachricht. Der Liegeplatz befand sich in dritter Reihe neben zwei Kriegsschiffen. Die mussten nun überklettert werden, um an Land zu kommen. Das stellte sich mit den insgesamt neun Kindern als gefährliches Unternehmen heraus. Ein Kind nach dem anderen wurde aus dem Boot gehoben und in die Hände der an Bord befindlichen Soldaten übergeben. Dann wurden sie von einem Arm zum anderen weitergereicht und schließlich an Land abgesetzt. Die Sirenen heulten schon und in letzter Sekunde erreichten alle den Luftschutzbunker.

Nach einer schlaflosen Nacht bestiegen die Flüchtlinge nun wieder ihr kleines schwimmendes Gefährt und nahmen weiter Kurs in Richtung Westen. Kappeln war ihr Ziel, um von dort aus durch den Nord-Ostsee-Kanal nach Husum zu gelangen. Es folgten viele Stunden auf dem Wasser, bevor die Besatzung des kleinen Minensuchbootes aus Hohen Wieschendorf endlich die Erlaubnis erhielt, in Kappeln festzumachen. Der Kanal war jedoch gesperrt und damit nahm die Fahrt ein unfreiwilliges Ende. Ein Trost war, dass die Familie Unterkunft und Versorgung in einem Lager der Firma Nestlé fand. Die größte Last war ihnen zunächst genommen. Ninchen wollte nicht bleiben, sondern machte sich kurze Zeit später mit ihren Kindern auf den Weg nach Hamburg zu ihrer Schwester. Auch Erika kam mit ihren Kindern bei Verwandten unter. Die Nachrichten, die Paul und Edith in den nächsten Tagen bekamen, klangen hoffnungsvoll. Das westliche Mecklenburg sei von den Engländern besetzt, hieß es. Für Paul, der ohnehin keine ruhige Minute in Kappeln hatte, war dies das Zeichen umzukehren. Inzwischen hatte Deutschland seine Kapitulation bekannt gegeben. Der „Anstreicher aus Österreich", der unzählige Menschen skrupellos in Tod und Elend gestürzt hatte, kapitulierte ebenfalls vor dem Leben.

Die Rückfahrt von Paul und Edith über die Ostsee verlief dieses Mal gefahrlos. Als das Boot wieder in seinem Heimathafen Hohen Wieschendorf festmachte, konnte es Paul kaum erwarten, wieder an Land zu kommen. Die Seebrücke, die ans Ufer führte, war wackelig geworden, denn schon lange hatte sie niemand mehr ausgebessert. Der alte Stellmacher Schult lebte seit ein paar Jahren nicht mehr. Auf den ersten Blick, den Edith und Paul von weitem auf den Hof warfen, wirkte alles so wie bei ihrer Abfahrt. Als sie auf ihrem Fußmarsch durch die Felder auf dem Hof angekommen waren, wurden sie schon freudig von einigen Gutsarbeitern erwartet. „Herr Glantz, die Tommys sind da. Aber wir können nicht mit denen schnacken, die verstehen kein Platt", rief einer. „Dat is man gaut, Herr Glantz, dat se wedder dor sünd", rief ein anderer. Paul und Edith atmeten tief durch – endlich wieder zu Hause.

Die Arbeiten im Stall und auf den Feldern nahmen ihren gewohnten Gang. Aber der scheinbare Friede hielt nicht lange an. Im Juli 1945 wurden die Engländer als Besatzer durch einen nachträglichen Gebietsaustausch von den Russen abgelöst. Ein Großteil von ihnen zog in das Gutshaus, andere kampierten notdürftig unter Planen in der Kiefernschonung. Sie hatten den Befehl, rund um die Halbinsel einen Schützengraben auszuheben, als Schutz vor eventuellen Angriffen der Amerikaner von See her. Eines Nachts hatte sich der Schimmelhengst des Gutes losgerissen und war in wildem Galopp auf den Strand zugelaufen. Der Schützengraben machte seinem Galopp und seinem Leben ein Ende – er hatte sich in dem unbekannten Hindernis das Genick gebrochen. Wenige Stunden nach seinem Tod kündete nur noch das Skelett von dem einstmals so schönen Pferd. Es war innerhalb kürzester Zeit in den Kochtöpfen der Besatzer verschwunden. Auch sonst verschwand einiges. Ob Gemüse aus den Gärten oder Schweine aus den Ställen, die Befreier, wie sie offiziell genannt wurden, befreiten die Menschen von fast allem, was sie besaßen. Sie befreiten Paul und Edith auch von ihrem Kühlschrank, den sie kurzerhand aus dem Fenster warfen, weil sie so ein Gerät noch nie gesehen hatten. Viel Freude machte es ihnen auch, mit einem Kutschwagen in wilder Jagd ihre Runden auf dem Gutshof zu drehen. Hindernisse wurden dabei großzügig übersehen, so dass die Wagen in kürzester Zeit das Zeitliche segneten.

Alles verloren

Der 28. August 1945 war ein überraschender und freudiger Tag für Paul und Edith. In Hohen Wieschendorf wurde der Hafer eingefahren und in der großen Scheune auf dem Hof gedroschen. Sieben Jahrzehnte Leben lagen nun hinter Paul Glantz, aber er ließ es sich nicht nehmen, bei der Ernte dabei zu sein. Die Ernte – sie war der Höhepunkt im Ablauf eines Jahres. Bei der Ernte zeigte sich, ob das Jahr erfolgreich oder weniger erfolgreich verlaufen war. Die Arbeiten gingen gut voran und wurden kaum durch die auf dem Gut stationierten Besatzer beeinträchtigt. Die heiße Mittagszeit war schon überschritten, da näherte sich dem Feld vom Strand her eine zerlumpte und abgemagerte Gestalt. Seine Kleidung schlotterte um ihn wie ein Fahnentuch im Wind. Nur mühsam schleppte sich der Mann vorwärts, immer wieder stolpernd. Bei den Leuten auf dem Acker wurde gescherzt: „Was für ein abgemagerter Hering will uns denn da bei der Ernte helfen?“ Ein anderer der Männer sagte: „Den können wir höchstens als Vogelscheuche gebrauchen.“ Von diesen Bemerkungen bekam der Fremde nichts mit, dazu war er noch zu weit weg. Als er die Leute auf dem Feld erreicht hatte, ging ein Leuchten über sein schmutziges und von Schorf bedecktes Gesicht. Er kannte die meisten der Arbeiter. Aber niemand schien ihn zu erkennen. Mit heiserer Stimme fragte er also: „Ich will zu Paul Glantz, könnt ihr mir sagen, ob er auf dem Hof ist?“ – „Paul Glantz ist in der Scheune, aber wir haben nichts zu verschenken. Auf dem Hof sind die Russen, die haben schon alles weggeholt“, war die Antwort von Hannes Rex, der als Gespannführer auf dem Gut arbeitete. „Ein Butterbrot hat mein Vater bestimmt noch für mich übrig, Hannes“, war die Antwort des Fremden. „Woher kennen sie mich und wieso ist Paul Glantz ihr Vater?“, fragte Rex verdattert. „Weil ich dich schon kenne, seit du hier bei uns die Pferde übernommen hast und weil ich Günther Glantz bin.“ Hannes Rex und die anderen Gutsarbeiter konnten es nicht fassen. Diese elende Gestalt sollte der gutaussehende und kräftige Günther Glantz sein? „Günther, dich haben wir nicht erkannt, Entschuldigung. Wer hat dich denn so zugerichtet?“ – „Ich war ein paar Monate in russischer Gefangenschaft, da sieht man eben so aus“, war Günthers Antwort, bevor er sich langsam weiter in Richtung Hof bewegte.

In der Scheune stand Paul neben der Dreschmaschine und ließ die länglichen Haferkörner langsam durch seine Finger gleiten. Das Korn war schön trocken und würde einen guten Preis bringen. Vielleicht zogen die Russen ja bald wieder ab und es würde alles wieder wie früher werden. Ganz vertieft war er in seine Gedanken, als sich, noch ein paar Schritte entfernt, ein Fremder in der Scheune zeigte. Der sprach ihn auch gleich an: „Ich weiß, dass die Russen hier schon alles weggeholt haben, aber könnte ich trotzdem ein Glas Wasser und ein Brot bekommen?“ Paul zuckte zusammen. Die Stimme kam ihm bekannt vor, aber diesen abgerissenen Mann hatte er noch nie gesehen. „Wie kommen sie plötzlich hier herein und wer sind sie, wenn ich mal fragen darf?“ – „Vom Bahnhof Bad Kleinen zu Fuß über Wismar und dann immer am Strand entlang. Hannes Rex hat mir gesagt, das du hier in der Scheune bist, Vater.“ Paul konnte es nicht glauben. Das war Günthers Stimme, aber so sah doch sein ältester Sohn nicht aus. „Ich bin es, Günther, auch wenn ich vielleicht nicht so aussehe. Ehrlich gesagt, weiß ich auch gar nicht, wie ich aussehe, ich habe schon lange in keinen Spiegel geschaut.“ Paul umarmte seinen Sohn und ließ ihn lange nicht los. „Junge, was ist bloß mit dir passiert?“ „Ich bin aus russischer Gefangenschaft geflohen. Aber bevor ich dir alles erzähle, können wir erst mal Mutter rufen.“ – „Ja, natürlich. Die wird sich freuen. Das Beste wird sein, wenn wir gleich zu ihr ins Haus gehen.“

Auch Edith konnte es kaum fassen, dass da ihr Sohn vor ihr stand. Einen Berg Wurstbrote ließ sie aus der Küche kommen, von denen Günther kaum etwas herunterbekam – zu lange war sein Magen schon an mangelhafte Ernährung gewöhnt. Seine Hauptsorge galt insbesondere seiner Frau und den Kindern. Als er erfuhr, dass alle sicher in Hamburg untergebracht waren, wurde er merklich ruhiger. Nachdem er unter fürsorglicher Pflege seiner Mutter wieder zu Kräften gekommen war, zog es ihn bald zu seinem Hof nach Datzow. Mit Futterkorn, Kartoffeln, Schweinen und Hausrat wurde ein Gespann beladen, das ihm einen Neubeginn in Datzow erleichtern sollte.

Der Neubeginn, von Günther in der Zeit der Gefangenschaft so eindringlich herbeigesehnt, fand schon nach einem Monat ein Ende. Die dringendsten Arbeiten in Datzow hatte er gerade in Angriff genommen, als eines Nachts plötzlich ein bewaffneter Polizist an seinem Bett stand. „Herr Glantz, aufwachen, ich soll Sie verhaften.“ Völlig schlaftrunken schreckte Günther hoch. Den Mann, der da vor ihm stand, kannte er. In der Nazizeit hatte dieser als Kommunist einen schweren Stand gehabt. Im Gegensatz zu anderen Bauern in der Gegend hatte Günther diesen Mann jedoch nicht geschnitten, sondern den Vater einer großen Familie hin und wieder mit Kleinigkeiten unterstützt. Das dankte dieser ihm nun. „Herr Glantz, ziehen sie sich schnell an. Sie müssen weg. Wenn sie nicht ganz schnell verschwinden, landen sie im Zuchthaus. Niemand darf erfahren, dass ich sie gewarnt habe." Er wartete noch, bis Günther das Nötigste zusammengepackt hatte, verließ mit ihm zusammen den Hof und dann trennten sich ihre Wege. Was war das nur für eine Welt, in der man aus dem Bett heraus verhaftet werden konnte, ohne sich irgendeines Vergehens schuldig gemacht zu haben, fragte sich Günther. Aber viel Zeit zum Nachdenken blieb ihm nicht. Er musste schnellstmöglich von der Insel herunter. Aber der Rügendamm war gesperrt. Kein Fußgänger und kein Fahrzeug durfte die Brücke passieren. Es gelang ihm wiederum mit Hilfe alter Bekannter, ein Fischerboot aufzutreiben und sich in der Nacht nach Stralsund übersetzen zu lassen. Von Stralsund ging es dann per Bahn, zu Fuß oder per Anhalter nach Wismar. Es war jetzt gerade ein Monat vergangen und Günther befand sich schon das zweite Mal auf der Flucht. Zuerst waren es die Russen, aus deren Gefangenschaft er sich selbst befreit hatte. Nun waren es die eigenen Landsleute, vor denen er sich in Sicherheit bringen musste. Günther konnte sich nicht vorstellen, wo dies alles einmal enden würde.

Der Anfang des Endes war schon eingeläutet. Bei seiner Ankunft in Hohen Wieschendorf, am 4. Oktober 1945, herrschte dort ein beispielloses Chaos. Männer, denen man ihre kriminelle und asoziale Veranlagung unmittelbar ansah, hatten den Hof gestürmt. In wilder Wut zerstörten sie alles, was ihnen in die Hände geriet. Sie schrien dabei Parolen, die sie zuvor aufgeschnappt hatten, nämlich, dass die Junker endlich enteignet werden müssten. Kaiser und Könige hätten dies in Jahrhunderten nicht fertig gebracht, sie selbst würden das jetzt in 10 Minuten erledigen. Auf dem Hof wagte keiner gegen diese tobende und schwer bewaffnete Bande einzuschreiten. Wie gelähmt standen die Leute da, wagten weder etwas zu unternehmen noch den Mund aufzumachen. Wieder einmal war es Paul Glantz, der sich, wie schon zuvor unter dem braunen Regime, nicht die Meinungsfreiheit verbieten lassen wollte. So laut, dass alle es hören konnten, rief er: „Die Kaiser und Könige haben gewusst, dass sie das Volk ruinieren würden, wenn sie die Bauern enteignen. Die haben nie an so etwas gedacht." Edith bekam es mit der Angst zu tun. Sie dachte, dass sich der Zorn dieser Verbrecherbande jetzt gegen ihren Mann richten würde. Die aber lachten nur höhnisch. Dann holten sie sich einen der letzten Zugochsen aus dem Stall, trieben ihn auf den Hof und töteten ihn vor den Augen der Umstehenden. Dabei brüllten sie: „Wir kommen wieder. Wenn ihr dann immer noch hier seid, geht es euch genauso wie dem Ochsen." Sie luden das tote Tier auf ihren Wagen und fuhren mit lautem Gegröle vom Hof.

Entsetzt sahen sich die Zurückgebliebenen an. Als Erster fand Paul seine Sprache wieder, die nach dem gerade Erlebten sehr kraftlos klang. „Es scheint jetzt tatsächlich ernst zu werden mit den Enteignungen. Die Kommunisten reden ja schon eine ganze Weile davon, aber ich konnte es mir schlicht nicht vorstellen." – „Ich habe einfach nur Angst, dass diese furchtbare Bande zurückkommt", klagte Edith, die jetzt die Tränen nicht mehr aufhalten konnte. Günther nahm seine Mutter in den Arm. „Die werden es nicht wagen, uns etwas anzutun. Das sind doch bloß Krakeeler." Paul sah das anders. „Ich glaube, die machen wirklich Ernst", sagte er. Tatsächlich war die Enteignung schon zwei Tage später durch eine Verfügung des kommunistischen Bürgermeisters offiziell. Glücklicherweise blieb ihnen der Hof in Beckerwitz. Dieser Hof war schon auf Walter überschrieben und durfte, weil der noch in Gefangenschaft war, nicht enteignet werden. Das beruhigte Edith ein wenig. Es wurde beschlossen, die lebensnotwendigsten Dinge zusammenzupacken. Mit dem Wagen ging es die kurze Strecke nach Beckerwitz auf den Hof, den Paul vor mehr als zwanzig Jahren von Ernst Bock gekauft hatte.

Beckerwitz war nun zur letzten Zuflucht für Edith, Paul und Günther geworden. Inzwischen war auch Hermann, der Bruder von Paul, zu ihnen gestoßen. Auch er war von seinem Gut in Ganzlin vertrieben worden. Mit Paul Friedrich, der zu Besuch zu seinen Eltern kam, lebten sie zu fünft in dieser kleinen Fluchtburg. Im Geist Luthers, der auch noch im Angesicht des Weltuntergangs einen Baum gepflanzt hätte, setzten sie das Wohnhaus und die Wasserversorgung des Hofes in Stand. Die Arbeit lenkte die Familie allerdings auch von ihren Ängsten ab. Dass diese nicht unbegründet waren, zeigte sich schon einen guten Monat nach ihrer Ankunft auf dem Hof. Diedrichs, ein Viehhändler, mit dem Paul Glantz schon viele Jahre zusammen arbeitete, brachte am 14. November 1945 sein Fuhrwerk vor dem Haus in Beckerwitz zum Stehen. Er sprang vom Kutschbock und rannte zur Haustür. „Herr Glantz, ich muss ihnen was erzählen", rief er sehr aufgeregt, gleich nachdem er im Haus war. „Meine Tochter hat auf dem Landratsamt in Wismar erfahren, dass vom 15. bis 18. November alle Gutsbesitzer hier aus der Gegend mit ihren Familien verhaftet werden sollen. Der Name Glantz steht schon für morgen auf der Liste." Wie vom Donner gerührt stand Paul da. Er fand keine Worte. Jetzt sollten sie also tatsächlich verhaftet werden wie Schwerverbrecher. Womit hatten sie sich bloß schuldig gemacht? Was hatten die Kommunisten nach der Verhaftung mit ihnen vor? So sehr er auch grübelte, er fand keine Antwort. Diedrichs war inzwischen in den Stall zu Günther gelaufen und hatte ihn ebenfalls gewarnt. Jetzt blieb also kein anderer Ausweg mehr, als alles stehen und liegen zu lassen und zu versuchen in Richtung Westen zu flüchten. Einige Papiere und Kleidungsstücke wurden zusammengerafft, um noch vor Einbruch der Sperrstunde in Wismar zu sein. Zwischen sieben und acht Uhr am Abend war der Wagen gepackt. Paul war fassungslos – mehr noch als die anderen Familienmitglieder. „Jetzt müssen wir also das zweite Mal Abschied nehmen. Erst wurden wir mit dem Knüppel aus Hohen Wieschendorf verjagt, jetzt sollen wir sogar verhaftet werden. Was ist bloß los in der Welt?" Eine Antwort konnte ihm natürlich keiner geben, aber alle Familienmitglieder litten ebenso wie er unter diesem Abschied und dem Weg in eine ungewisse Zukunft.

Die Nacht verbrachten die fünf beim Mühlenbesitzer Fischer in Wismar, um gleich am frühen Morgen den ersten Zug in Richtung Braunschweig nehmen zu können. In Braunschweig lebte inzwischen Kurt Glantz mit seiner Frau Erika. Um fünf Uhr früh am nächsten Morgen stiegen Paul und Edith, Hermann sowie Günther und Paul Friedrich in den Zug. Vier Tage dauerte die beschwerliche Fahrt. Sie wurde unterbrochen von langen Fußmärschen und Aufenthalten in Marienborn und Göttingen, bis sie ihr Ziel Braunschweig erreichten. Erst dann verspürten sie ein Gefühl von Sicherheit. Später erfuhr die Familie von Bekannten, dass bereits zwei Stunden nach ihrer Abfahrt aus Wismar die Polizei in Hohen Wieschendorf angerückt war, um sie zu verhaften.

Nun hatten sie also alles verloren – die Mecklenburger Heimat, die ihnen allen so viel bedeutete, ihren Besitz, der für sie als Landwirte gleichzeitig die Lebensgrundlage ausmachte, und das Vertrauen in politische Systeme. Sie waren zum Spielball von Mächten geworden, deren Wohlwollen oder Hass sie nicht beeinflussen konnten. Sie waren ein Teil all jener, die ohnmächtig hinnehmen mussten, was Herrschaftssysteme ihnen aufzwangen, ohne die geringste Chance mit eigener Kraft dagegen aufzubegehren. Alles, was sie über mehrere Generationen aufgebaut hatten, war in nichts zerstoben. Zuerst wurde Friedrich Glantz alles genommen. Nun waren es seine Söhne und seine Enkel, die durch politische Entscheidungen ihrer Lebensgrundlage beraubt worden waren. Drei Generationen einer Familie, die das gleiche Schicksal teilten.

Friedrich Glantz
06.01.1846 – 03.12.1930

Anna Glantz
16.08.1866 – 02.03.1957

Paul Glantz
26.06.1875 – 22.04.1952

Edith Glantz
22.04.1885 – 06.04.1974

Gutshaus Hohen Wieschendorf bis 1945

Blick vom Gutshaus auf den Gutshof

Blick in den Gutspark

Blick vom Gutsteich auf den Kuhstall, die heutige Festscheune

Getreideernte 1932 in Hohen Wieschendorf

Erntefest 1936

Ernteumzug mit Erntekrone

Empfang des Ernteumzugs vor dem Gutshaus

Mecklenburger Trachten

Günther und Ninchen Glantz

Enno und Lisa Glantz

Rückkehr nach Hohen Wieschendorf 1991

Gutshof

Schweinestall vor dem Umbau zum „neuen" Gutshaus

Altes Gutshaus

Kuhstall, heute Festscheune

Gut Hohen Wieschendorf heute

Gutshof

„Neues“ Gutshaus

Blick in den Park

Hochzeit 1938 von Günther und Ninchen Glantz

Hochzeitsgesellschaft

Ninchen und Günther Glantz mit ihren 5 Kindern 1947

Günther Glantz mit Frau und seinen Brüdern 1942

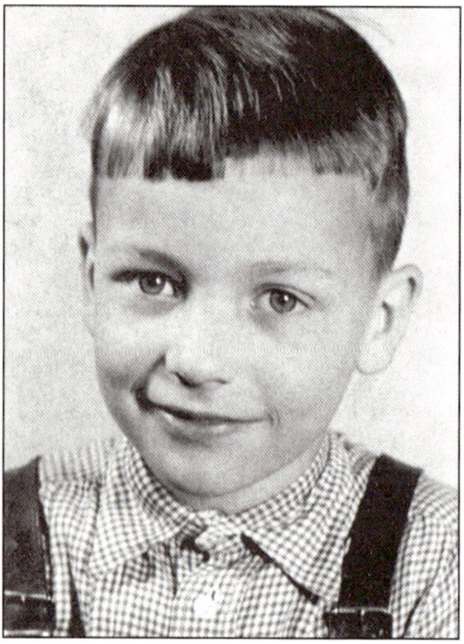

Enno und Lisa 1949

Hochzeit
Lisa und Enno Glantz 1970

Nach der Trauung

2. Kapitel
Heimatlos

Schach – dieses uralte Strategiespiel war so aktuell wie eh und je. Die gegnerischen Spieler Schwarz und Weiß wurden jetzt noch durch einen dritten, den Roten, ergänzt. Doch letztlich ging es nur darum, das Schachbrett für den eigenen König zu erobern. Wie viele Bauern dabei von ihren angestammten Plätzen gekehrt wurden, war völlig bedeutungslos. Die Bauern stellten ohnehin die kleinsten und unbedeutendsten Figuren auf dem Schachbrett dar.

Nun waren also auch die Glantz' vom Brett gekehrt worden – Bauernopfer. Ihr Mecklenburg, das Land, in dem die weitverzweigte Familie schon seit 300 Jahren auf unterschiedlichen Gütern zu Hause war, hatte sich der rote Schachspieler erobert. Da standen sie nun außerhalb des Spielfeldes, ohne die Chance auf eine Rückkehr. Was ihnen blieb, war ihr Glaube daran, dass dieses Spiel irgendwann vorbei sein müsse. Dass bis dahin jedoch noch ein halbes Menschenleben verstreichen würde, ahnte niemand.

Ende November 1945 trennte sich Günther Glantz von seinen Eltern in Braunschweig, um zu seiner Frau und den Kindern nach Hamburg zu gelangen. Ninchen lebte mit den fünf Kindern noch bei ihrer Schwester in Hamburg-Nienstedten. Dieser Vorort Hamburgs, direkt an der Elbe gelegen, war weitgehend vom Bombenhagel des Krieges verschont geblieben. Dieser Stadtteil wirkte wie eine heile Insel, die aus dem Chaos ragte. So fanden dort eine Vielzahl von Flüchtlingen Quartier. Günther läutete an der Glocke des gepflegten Hauses, das einen kleinen Vorgarten besaß. Ihm klopfte das Herz vor Aufregung und Freude, denn er hatte seine Frau und die Kinder schon mehr als ein Jahr nicht gesehen. Es war schon spätabends und dunkel, als er vor der Haustür stand. Die Straßenlaternen spendeten kein Licht, weil gerade wieder einmal der Strom abgeschaltet worden war. Von drinnen hörte er eine leise ängstliche Stimme fragen, wer denn dort sei. „Ich bin es, Günther", antwortete er freudig. Da wurde die Tür aufgerissen und vor ihm stand sein Ninchen mit einer Kerze in der Hand. Der Luftzug brachte die Kerze sofort zum Erlöschen. So konnte Günther seine Frau zunächst nicht sehen, sondern nur umarmen. Es war ein wunderbares Gefühl, ihren weichen und warmen Körper zu spüren, er wollte sie am liebsten nicht wieder loslassen. Sie lagen sich jedoch nicht lange in den Armen, da erschien schon ihre Schwester mit einer neuen Kerze in der Hand in der Diele. „Günther, das ist ja unglaublich, dass du jetzt endlich hier angekommen bist", rief sie freudig und etwas lauter. Da klappte im Obergeschoss schon eine Tür und Kinderfüße trappelten auf der Treppe. „Papa, Papa", rief Ulrich, sein zweitjüngster Sohn, noch halb im Schlaf. Enno, der Jüngste, klammerte sich ängstlich am Nachthemd seines Bruders fest. Neugierig begutachtete er diesen Mann im Halbdunkel, den er nicht kannte. Das sollte sein Papa sein? Über Günthers Gesicht ging ein Leuchten. Wie hatte er sich darauf gefreut, seine Kinder wieder zu sehen. Nun standen die beiden kleinsten vor ihm, aber es fehlten ihm die Worte. Er ging langsam auf sie zu, nahm sie auf den Arm und drückte sie ganz fest an sich. Enno fing sofort an zu weinen und ließ sich nur langsam von seiner Mutter beruhigen. Natürlich verstand der Heimkehrer die Abwehrreaktion seines jüngsten Sohnes, für den er schließlich ein völlig Fremder war. Inzwischen waren auch die drei Großen vom Lärm auf dem Flur erwacht. Neugierig kamen sie aus ihren Betten. „Unser Papa ist wieder da", rief Dürten und stürzte sich sofort in die Arme ihres Vaters. Auch Antje und Paul-Günther nahmen langsam wahr, was der nächtliche Besuch zu bedeuten hatte. Sie bestürmten ihren Vater mit Fragen und Umarmungen und ließen sich nur schlecht davon überzeugen, wieder schlafen zu gehen. Mit der Vertröstung auf den nächsten Morgen gelang es Ninchen schließlich, die Kinder von ihrem Vater zu lösen.

Nachdem sich die erste Aufregung gelegt hatte und die fünf Kleinen wieder in ihren Betten verschwunden waren, musste Günther erzählen, wie es ihm ergangen war. Zuerst berichtete er von seiner Gefangenschaft und seiner abenteuerlichen Flucht. Seine Zuhörer waren Ninchen, ihre Schwester Ulla und deren Eltern. Die alten Rösinghs mussten ebenfalls von der Domäne Kleeth bei Stavenhagen flüchten und fanden in Hamburg Quartier bei ihrer Tochter. Dazu gesellte sich noch Ullas Mann Ulrich, der erst kurz zuvor aus norwegischer Gefangenschaft entlassen worden war. Bei heißem Tee und Kerzenlicht begann Günther seine Erzählung: „Unser Lager war bei Posen. Es herrschte eine furchtbare Enge, wir waren dort ungefähr 50.000 Gefangene und es wimmelte nur so von Flöhen und Wanzen. Tagsüber mussten wir Beutegut verladen, das mit dem Zug nach Russland gebracht werden sollte. Nachts schliefen wir in dreistöckigen Betten mit

200 Leuten in einer Baracke. Es war unglaublich eng und es gab nur zwei Toiletten in jeder Baracke.“ Er berichtete weiterhin von Pferden und Kühen, die von Deutschland nach Russland getrieben wurden, von denen aber die wenigsten dort ankamen, weil sie die Strapazen der weiten Tour nicht überlebten. „Einmal wurden auch Kühe mit dem Zug transportiert“, sagte er und ein Lächeln huschte über sein Gesicht, als er an die Umstände dachte. „Anstatt die Kühe in den Viehwaggon zu laden, haben die Russen die Sitzbänke aus den Personenwagen ausgebaut und die Kühe dort hineingestellt. Sie selbst sind dann auf dem Stroh im Viehwaggon mitgefahren. Das war wohl bequemer für sie.“ Seine Zuhörer lachten und schüttelten ungläubig die Köpfe. Ulrich, sein Schwager, stellte fest: „Die Russen haben wirklich eigenartige Transportlösungen. Auf solche Ideen muss man erst kommen.“ – „Hattest du oft Hunger?“, fragte Ninchen besorgt, „es gab doch bestimmt nicht viel zu essen.“ – „Anfangs war es ziemlich schlimm, aber mit der Zeit hatte sich der Magen daran gewöhnt, nur Wassersuppe und ein Stück Brot zu bekommen.“ – „Wie hast du es denn nun angestellt, von dort wegzukommen?“, fragte Günthers Schwiegermutter. „Zuerst habe ich mich gedrückt, wenn Gefangene ausgesucht wurden, die nach Russland transportiert werden sollten. Das ist mir ziemlich gut geglückt. Ich habe mir immer eine Beschäftigung gesucht, bei der ich nicht auffalle, und wenn es Wäschewaschen war.“ Günther unterbrach seinen Bericht, weil ihn ein Hustenanfall reizte. Er hatte die Belastungen von Gefangenschaft und Flucht noch nicht überwunden. Dann fuhr er fort: „Einmal habe ich vor dem Lagertor eine Menge Verwundete und Krüppel entdeckt. Da schoss es mir durch den Kopf, dass die möglicherweise zurück nach Deutschland gebracht werden. Ich habe nicht lange überlegt und mich einfach dazugestellt.“ – „Haben die Russen das denn nicht gemerkt, dass du nicht dorthin gehörtest?“, fragte Ninchen. „Die Russen können nicht zählen, die finden jedesmal ein anderes Ergebnis. Darauf habe ich vertraut. Aber es war auch Glück dabei, dass sie mich nicht bemerkt haben. Es herrschte ja ein riesiges Chaos in dem Lager.“ Als Günther gerade weiter erzählen wollte, leuchtete plötzlich die Deckenlampe wieder. Der Strom war endlich eingeschaltet worden. Allen Familienmitgliedern sah man die Müdigkeit an, aber keiner von ihnen wollte schlafen gehen. Also nahm Günther den Faden wieder auf. „Wir wurden immer mit 100 Leuten in eine Strohlore verfrachtet und dann fuhren wir los. An den Bahnhöfen habe ich schon gemerkt, dass es in Richtung Westen ging, da war ich erleichtert. Insgesamt waren wir eine Woche bis nach Frankfurt an der Oder unterwegs.“ – „Wie ging es dann weiter?“, wollte Ulla wissen, die immer wieder ein Gähnen unterdrückte, aber die Runde

nicht verlassen mochte. „In Frankfurt haben sie uns mit einem Entlassungsschein und einem Stück Brot auf die Straße geschickt und jeder musste sich irgendwie durchschlagen. Ich weiß nicht, wie die Schwerverwundeten weitergekommen sind, viele konnten gar nicht laufen. Es war ganz furchtbar, ihre Hilflosigkeit zu sehen und ihnen nicht helfen zu können.“ – „Und du, wie bist du weitergekommen?“, fragte Ninchen gespannt. „Zuerst habe ich mich zu Fuß und zum Schluss mit der Straßenbahn nach Berlin durchgekämpft. Das hat auch noch mal eine Woche gedauert. Zwischendurch habe ich mir Kartoffeln vom Feld ausgebuddelt, um etwas in den Bauch zu bekommen. Von Berlin konnte ich mit dem Zug nach Bad Kleinen fahren und dann bin ich zu Fuß zu den Eltern nach Hohen Wieschendorf.“ – „Das muss ja alles furchtbar gewesen sein für dich“, äußerte Ninchen leise und voller Mitgefühl. „Weißt du Ninchen, ich habe doch ganz großes Glück gehabt. Denk mal an die vielen Männer, die im Krieg gefallen sind, oder an die, die immer noch in Gefangenschaft schmoren.“ – „Ja, da hast du recht. Trotzdem mag ich mir gar nicht vorstellen, was für einen furchtbaren Hunger du gehabt haben musst.“ – „In Hohen Wieschendorf hat mich jedenfalls keiner erkannt, also habe ich wohl doch ein bisschen Gewicht verloren“, lockerte Günther die Stimmung wieder auf. Er berichtete noch von seiner Rückkehr nach Datzow und wie er seiner Verhaftung dort durch die Hilfe eines flüchtigen Bekannten entgangen war. Mit den Umständen der Flucht aus Hohen Wieschendorf und Beckerwitz nach Braunschweig beendete er seine Erzählung. Es war inzwischen drei Uhr morgens.

Die ersten Tage von Günthers Ankunft in Nienstedten waren damit ausgefüllt, den Kontakt zu den Kindern neu zu knüpfen. Die Zeit der Abwesenheit ihres Vaters hatte eine gewisse Fremdheit zwischen ihnen aufkommen lassen. Dürten, die Älteste, war inzwischen sechs Jahre, Antje fünf, Paul-Günther gerade vier. Die beiden Kleinsten waren Ulrich mit knapp drei Jahren und Enno, der Jüngste der fünf, war gerade anderthalb Jahre alt. Die Enge im Haus, in dem drei Familien, zwei davon mit ihren Kindern, lebten, schweißte die kleine Notgemeinschaft zusammen und jeder tat sein Bestes, das Überleben zu organisieren. Weder Geld noch Arbeit waren aufzutreiben. Lebensmittel wurden als Tauschware auf dem Schwarzmarkt gehandelt. Eine Besatzungsmacht, die krampfhaft versuchte, das Chaos zu beherrschen, war alles, was geblieben war.

Hamburg hatte viele Wunden im Krieg davongetragen. Ganze Ruinenzüge säumten die Straßen. Davor hungernde, frierende und oft verkrüppelte Menschen, die alles verloren hatten, bis auf ihr Leben. Dies war das Bild, das sich Günther bot, wenn er die Stadt durchquerte, um mit dem Zug nach Römnitz bei Ratzeburg zu gelangen. Dort wohnten sein Onkel Bernhard Berckemeyer und seine Tante Helene, eine Schwester seiner Mutter. Auch sie hatten ihr Gut Groß Thurow in Mecklenburg verloren, hatten aber das Glück, wenige Kilometer weiter westlich in Römnitz neu beginnen zu können. Eine Staatsdomäne hatten sie als Ersatz für ihr Gut erhalten, weil Groß Thurow ursprünglich zum Herzogtum Lauenburg gehörte und damit unter britischer Besatzung stand. Erst bei einem nachträglichen Gebietsaustausch fiel es unter russische Besatzung. Die Fahrten von Hamburg nach Römnitz waren für Günther beschwerlich und kosteten ihn viele Stunden des Tages. Vier Uhr morgens machte er sich zu Fuß auf den Weg zum Bahnhof Altona. Manchmal hatte er Glück und erwischte einen Zug. Oft brauchte er aber Stunden, um nach Römnitz zu gelangen, weil die Züge auf der Strecke immer wieder zum Stehen kamen. Abends gegen zehn traf er völlig erschöpft wieder in Nienstedten ein. Aber in Römnitz gab es etwas für ihn zu tun. Er konnte seinen Verwandten vorübergehend in der Wirtschaft aushelfen. Sein Lohn waren Lebensmittel und Getreide. Der Wert dieses Grundnahrungsmittels war von ihm als Landwirt schon immer hoch geschätzt worden. So wertvoll wie jetzt, in diesen Hungerzeiten, war es ihm und der Familie aber noch nie gewesen. In der Kaffeemühle wurde es mühsam zu Mehl vermahlen, um daraus ein fladenartiges Brot zu backen. Heißhungrig stürzten sich die Kinder darauf, kaum dass die Fladen ein wenig abgekühlt waren. Günther war dankbar für die Arbeit in Römnitz, wollte aber gern wieder eigenverantwortlich tätig sein. Eines Tages erhielt er von seiner Tante den Hinweis, dass die Sozialbehörde der Stadt Hamburg einen Verwalter für das städtische Gut Karlshöh im Stadtteil Bramfeld suchte. Viel Hoffnung auf eine Anstellung dort machte er sich nicht, aber zumindest vorstellen wollte er sich. Freundlich wurde ihm einige Tage später mitgeteilt, dass man schon jemand anderen für diese Position vorgesehen hätte.

Wieder einmal waren es Verwandte, die halfen. In Burgsittensen in der Lüneburger Heide wohnte eine Tante seiner Frau. Auf dem dortigen Hof gab es Arbeit, die mit 100 Mark im Monat bezahlt wurde. Zwei eigene Zimmer standen den zwei großen und fünf kleinen Glantz' in dem völlig mit Flüchtlingen überfüllten Haus zur Verfügung. Das war ein von ihnen sehr geschätztes Privileg und obendrein brauchte niemand in der Familie zu hungern. Günther und Ninchen richteten sich nur vorläufig ein, denn sie wussten, dass sie dort auf Dauer keine Bleibe hatten. Insgesamt vier Monate hielt dieses Provisorium an, dann flatterte ein Telegramm ins Haus.

Behördendiener

Dieses Telegramm sollte ihrem Leben wieder einmal eine andere Richtung geben. Die Hamburger Sozialbehörde teilte Günther Glantz mit, dass sie ihm nun doch eine Stelle als Verwalter anbieten würden. Freudestrahlend las Günther das Telegramm. „Ninchen, stell dir vor, ich kann in Karlshöh arbeiten und wir werden sogar eine eigene Wohnung in einem großen Gutshaus haben." – „Ich wusste es, dass du die Stelle bekommst", sagte Ninchen lachend, „einen Besseren als dich hätten die dort sowieso nicht gefunden." – „Übertreib nicht immer so", wehrte Günther ab, „es ist purer Zufall, dass ich dort arbeiten kann." Später erfuhr er, dass er es tatsächlich dem Zufall zu verdanken hatte, dass er diese Stelle doch noch bekam. Sein Vorgänger entpuppte sich nämlich schnell als aktiver Nazi, der aus diesem Grund wieder entlassen wurde. Beim Durchsehen der Bewerbungsunterlagen war der Personalchef auf die Akte von Günther gestoßen. Dabei fiel ihm der Ort Hohen Wieschendorf ins Auge, wo er vor vielen Jahren einmal gewesen war. Die intensiven Erinnerungen an dieses Dorf an der Ostsee veranlassten ihn dazu, die freie Stelle mit Günther zu besetzen. Kleine Ursachen zeigen eben manchmal große Wirkung.

Ein paar Tage später hatten auch die Kinder die Neuigkeit mitbekommen. „Wird es dort, wo wir hinziehen, so sein wie in Datzow?", fragte Dürten, die sich als Einzige der Geschwister noch deutlich an das Gut auf Rügen erinnern konnte. „Es wird ein bisschen anders aussehen, aber ihr könnt dort auch in einem Park spielen und wir werden einen großen Garten haben", erklärte ihr Vater, der seinen neuen Arbeitsplatz schon besichtigt hatte. Ninchen freute sich vor allem auf die Wohnung, in der endlich wieder genügend Platz für alle sein würde. Schon kurze Zeit später zog die Familie in den Osten Hamburgs, in eine sehr ländlich geprägte Gegend. Der 1. Mai 1946 wurde Günthers erster Arbeitstag als Verwalter eines Staatsgutes.

Diese Beschäftigung bedeutete eine große Umstellung. Günther Glantz war jetzt 37 Jahre alt und gewohnt, schon seit frühester Jugend eigenverantwortlich zu handeln. Doch jetzt trafen andere die Entscheidungen. Bei der Sozialbehörde angestellte Beamte, die wenig oder gar nichts von Landwirtschaft verstanden, schrieben ihm vor, was er für Maschinen kaufen oder welches Getreide er wann zur Aussaat bringen durfte. Auf dem Gut wurden Bewohner von nahe gelegenen Heimen zur Arbeit eingesetzt, die durch Behinderungen oder andere Benachteiligungen nicht in der Lage waren, einer gewöhnlichen Arbeit nachzugehen. Die Sozialbehörde regelte deren Einsatz. Das Klima in der Behörde bot auch besten Nährboden für Klatsch, Klüngel und Intrigen, die dort zwischen all den Schreibtischen herrliche Blüten trieben. Ohren zu und raushalten, war die Maßnahme, die Günther dem entgegensetzte. All dies erleichterte ihm die Arbeit nicht gerade, aber er versuchte, das Beste aus der Situation zu machen.

Zu dem Gut gehörten rund 120 Hektar Land, 80 Schweine, 30 Milchkühe und 12 Pferde. Ein Geflügelhof mit eigener Kükenaufzucht komplettierte das Ganze. Dem Futter für das Vieh galt die erste Sorge des neuen Verwalters. Ein Schlauberger aus der Behörde hatte noch vor seiner Ankunft die Rübenaussaat veranlasst. Statt Futterrüben für die Kühe und Schweine waren es aber Zuckerrüben, die später heranwuchsen und somit als Nahrungsquelle für die Tiere fast unbrauchbar waren. Auch die Weiden gaben nicht genug Grünfutter her, weil sie nicht gedüngt worden waren. Als Ersatz wurde Heu gefüttert und die Milchleistung der Kühe ging enorm zurück. Mit diesen Anfangsschwierigkeiten musste sich Günther auf seinem neuen Arbeitsplatz herumschlagen. Andererseits schätzte er sich glücklich, überhaupt wieder in seinem geliebten Beruf als Landwirt arbeiten zu dürfen.

Der Winter der Jahre 1946/1947 blieb als einer der kältesten des 20. Jahrhunderts in der Erinnerung der Menschen. Infolge des Krieges waren kaum Kohlen zum Heizen vorhanden und zusätzlich war diese Zeit von maßlosem Hunger beherrscht. Gerade in großen Städten wie Hamburg, in denen man sich nicht einmal mit Holz als Heizmaterial aushelfen konnte, froren die Menschen erbärmlich. Diese Not lernten die Glantz' am Hamburger Stadtrand nicht kennen. Die Knicks, die die umliegenden Felder säumten, boten Äste und Zweige als Heizmaterial. Auch der Hunger war nicht so unerträglich, denn es gab Platz am Haus, auf dem Hühner, Enten und Gänse gehalten wurden. Auch für Gemüse war genügend Raum im Garten. Wieder einmal war die Familie dankbar dafür, wie gut es das Schicksal mit ihnen meinte.

Für Dürten, als Älteste der fünf Kinder von Günther und Ninchen, war es das erste Schuljahr. In diesem Winter musste sich das kleine Mädchen seinen Schulweg durch haushohe Schneewehen erkämpfen.

Wenn ihre Eltern ihr aus dem Fenster nachblickten, sahen sie nur noch die Spitze ihrer Mütze aus den Schneebergen winken. Manchmal holte sie ihr Vater am Mittag mit dem Fuhrwerk nach Hause, aber sie bestand tapfer darauf, am nächsten Morgen wieder zu Fuß den weiten Weg durch den Schnee zu bewältigen. Ihr kleiner Ranzen war schwer. Es waren jedoch keine Bücher, die ihm sein Gewicht verliehen. Lesen lernten die Kinder aus Zeitungsseiten, denn Bücher gab es nicht. Der Ranzen von Dürten war in diesem Winter gefüllt mit ein paar Briketts. Die Familien, die in der Lage waren, Heizmaterial entbehren zu können, gaben es ihren Kindern mit, um das Klassenzimmer zu heizen. Es war eine schreckliche Zeit, aber jeder versuchte sein Möglichstes, das Chaos irgendwie erträglich zu gestalten. Im nächsten Schuljahr wurde es leichter für Dürten. Sie hatte dann Begleitung von ihrer Schwester Antje auf dem Schulweg und auch die Kälte des Winters blieb weit hinter der des Vorjahres zurück.

Das auf diesen furchtbaren Winter folgende Frühjahr wurde zur Bewährungsprobe für Günther. Die Saatkartoffeln für das Gut sollten in die Erde gebracht werden. Kaum waren sie im Boden, wurden sie nachts von Frauen, die ihre hungrigen Kinder füttern mussten, wieder ausgegraben. Also hieß es bei Dunkelheit auf dem Feld Wache zu halten. Das fiel dem Mann, der quälenden Hunger aus eigener Erfahrung bestens kannte, sehr schwer. Er brachte es nicht übers Herz, diese Frauen, von denen ihm einige persönlich bekannt waren, anzuzeigen. Bei der Kartoffelernte im darauf folgenden Herbst wurde es noch dramatischer. Der Kartoffelroder ratterte über den Acker, auf dem sich riesige Menschentrauben versammelt hatten. Nur langsam kam die Maschine vorwärts, wurde immer wieder gestoppt von Hungrigen, die sich wie wilde Tiere auf die gerade aus dem Boden geworfenen Kartoffeln stürzten. Weder gutes Zureden noch Drohungen vertrieben die Massen, die aus der Hamburger Innenstadt nach Karlshöh gewandert waren, um wenigstens für einen Tag den Hunger zu besiegen. Günther befand sich in einer Lage, die er so noch nicht erlebt hatte. Einerseits hatte er Verständnis und Mitleid für diese vom Elend gezeichneten Menschen, andererseits war er dafür verantwortlich, die Kartoffelernte ordnungsgemäß einzubringen. Als die Situation zu eskalieren drohte, blieb ihm nichts anderes übrig, als Polizeischutz anzufordern. Erst als die Uniformierten eintrafen, gelang es, die Massen zurückzuhalten und die Ernte sicher zu bergen. Die hungrigen Menschen mussten sich dann mit dem Nachsuchen begnügen. Der Acker wurde dazu noch zweimal umgegraben damit auch nicht eine einzige Kartoffel im Erdreich blieb.

Die Tage waren angefüllt mit Arbeit. Aber die Abende gehörten der Familie. In der warmen Jahreszeit wurde diese noch durch zwei zusätzliche Mitglieder bereichert. Es waren Paul und Edith Glantz, die die Sommermonate in Karlshöh verbrachten. Die Wohnung in dem Gutshaus war nicht sonderlich groß, aber für die Eltern wurde gern ein Zimmer frei gemacht. Die warmen Sommerabende im Garten boten die entsprechende Kulisse, um Erinnerungen aufzufrischen. Vor allem die Kinder hörten gebannt zu, wenn die Erwachsenen von Hohen Wieschendorf und Datzow sprachen. Das waren Orte, die ihnen als in ferner Vergangenheit liegend erschienen. „Papa, erzähl uns doch mal, wie du zur Schule gegangen bist", bat Dürten. „Aber das habe ich dir doch schon mal erzählt." – „Antje und Ulrich wissen es aber noch nicht", hörte Dürten nicht auf zu betteln. Antje und Ulrich bestärkten ihre große Schwester und auch Enno, der noch nicht richtig sprechen konnte, fiel ein: „Papa, Schule gehen, erzählen." Alle im Garten Versammelten mussten lachen, also blieb Günther nichts anderes übrig, als aus seiner Kinder- und Schulzeit zu plaudern. „Wir sind jeden morgen von Hohen Wieschendorf nach Beckerwitz in die Dorfschule gelaufen und am Nachmittag zurück. Manchmal sind wir auch zu spät gekommen, weil wir an der Schmiede vorbeikamen, wo unsere Pferde beschlagen wurden. Das mussten wir uns anschauen, das war unheimlich interessant." – „Warum seid ihr denn nicht mit dem Pferd zur Schule geritten?", fragte Paul-Günther, der sich selbst sehr gern im Pferdestall von Karlshöh aufhielt. „Die Pferde wurden auf dem Feld zum Arbeiten gebraucht oder mussten die Kutsche ziehen, wenn euer Großvater wegfahren wollte", erklärte Günther mit einem Seitenblick auf seinen Vater, der ebenfalls gebannt lauschte. „Es gab ja noch keine Traktoren und keine Autos." – „War denn eure Schule groß", wollte nun Dürten wissen. „Nein, Dürten. Wir hatten nur einen einzigen Klassenraum für alle Kinder von 6 bis 14 Jahren und einen einzigen Lehrer. Der hat sich immer abwechselnd mit uns beschäftigt, dadurch haben wir nicht viel gelernt. Außerdem war der Schulraum direkt neben dem Kuhstall vom Lehrer. Immer, wenn die Kühe gebrummt haben, weil sie Hunger hatten, musste einer von uns in den Stall und die Kühe mit Heu füttern." In Günther wurden jetzt die Erinnerungen wieder sehr lebendig und er freute sich, seinen Kindern davon berichten zu können. Diese Zeit seiner Kindheit und Jugend in Hohen Wieschendorf erschien ihm so vollkommen sorglos, obwohl sie auch schon von Krieg und Inflation überschattet war. Er dachte an das Herumstreifen am Strand und in der Kiefernschonung. Dort hatten sie oft Kraniche und Wildgänse bei ihrem Einflug auf die Felder beobachtet. Interessant war es auch immer, die ein- und auslaufenden Schiffe und Boote auf der Ostsee zu betrachteten oder mit dem Minensuchboot rüber nach Wismar zu schippern. Später, als er von der Dorfschule in die höhere Schule nach Wismar wechselte, bekam er sein erstes Fahrrad geschenkt, um damit den täglichen Weg zu bewältigen. Wie liebte er dieses Fahrrad. Die Kinder rissen ihn ungeduldig aus seinen Gedanken. „Papa erzähle weiter, wir wollen noch mehr hören." Er überlegte kurz und dann wurde die nächste Geschichte lebendig. „Es gab auch jede Menge Hunde auf der Straße, an denen wir vorbei mussten." – „Habt ihr denn da keine Angst gehabt?", wollte Paul-Günther wissen. „Vor den Hunden hatten wir keine Angst, die haben ja nur gebellt. Aber es gab ganz gefährliche Tiere, wenn wir an denen vorbei mussten, haben wir uns alle angefasst und sind so schnell gelaufen, wie wir nur konnten." Die Kinder sahen gespannt und ängstlich zu ihrem Vater. „Was waren das denn für Tiere?", wollte Antje wissen, „gab es in Beckerwitz Löwen oder Tiger?" – „Es gab dort ganz große graue Tiere mit langen Hälsen, die waren viel gefährlicher als Löwen oder Tiger", heizte ihr Vater die Spannung noch an. Die Kinder wagten kaum zu atmen, während ihre Mutter sich das Lachen knapp verkneifen konnte. Nun musste auch Paul Glantz noch seinen Teil der Geschichte erzählen: „Einmal kam euer Papa von der Schule nach Hause und hatte ein riesiges Loch im Po. Eines von den gefährlichen Tieren hat ihn erwischt und ordentlich in sein Hinterteil gebissen. Das Loch ist heute noch da." – „Vater, mach den Kindern doch keine Angst", sagte Günther und berichtigte: „Das Tier hat mich wirklich gebissen, aber es war nicht so schlimm. Zur Strafe ist es dann zu Weihnachten im Kochtopf gelandet." Die Kinder blickten neugierig auf ihren Vater. Sie konnten sich einfach nicht vorstellen, was das für ein Tier sein mochte. Da kam es plötzlich ganz aufgeregt von Ulrich: „Ich weiß jetzt, was das für ein Tier war. Es war ein böser Ganter, der Papa gebissen hat." Man merkte den fünfen die Erleichterung über den harmlosen Ausgang der Geschichte an. Es war für sie immer ein besonderes und spannendes Ereignis, wenn ihr Vater ihnen von seinen Kindheitserlebnissen in Hohen Wieschendorf erzählte. Das musste ein wunderbarer Ort sein, dieses Gut an der Ostsee.

Es war einer jener Abende, an denen auch Paul Glantz gelöst das familiäre Zusammensein genoss. Aber oft, wenn er mit seinem Sohn zusammensaß und es nicht ausblieb, dass das Gesprächsthema auf Hohen Wieschendorf kam, beherrschte ihn eine andere Stimmung. „Günther, ich kann es nicht begreifen, dass deine Mutter und ich jetzt hier auf eure Hilfe angewiesen sind. Alles, was wir in vielen Jahren aufgebaut haben, ist über Nacht verschwunden." – „Dass ihr hier bei uns wohnt, ist doch selbstverständlich, Vater. Du hast doch deine Eltern damals auch aufgenommen, als sie alles verloren hatten", versuchte Günther ihn aufzumuntern. Aber Paul ließ sich nicht von seinen trüben Gedanken ablenken. „Auf unserem herrlichen Land an der Ostsee toben sich jetzt die Kommunisten aus. Sie betrachten es einfach als ihr Eigentum. Das Schlimmste dabei ist, dass sie uns als Verbrecher und Ausbeuter hinstellen. Was haben wir bloß falsch gemacht?" – „Ich weiß es nicht, Vater. Aber immerhin haben wir doch wieder ein Dach über dem Kopf und ich habe Arbeit. Es hätte doch schlimmer kommen können." Auch Günther litt natürlich unter dem Verlust der mecklenburgischen Heimat. Er litt ebenso wie sein Vater auch an dem Statusverlust, den sie, als frühere selbstständige Bauern und Gutsbesitzer und jetzt mittellose Flüchtlinge, hinnehmen mussten. Er sprach über diese Gefühle auch oft mit Ninchen, deren Eltern ebenfalls um Heimat und Existenzgrundlage gebracht worden waren. Natürlich blieb es auch den Kindern nicht verborgen, dass es im Leben ihrer Eltern und Großeltern einmal ganz anders ausgesehen haben muss. Aber genaue Vorstellungen, wie das gewesen war, konnten sie sich noch nicht darüber machen.

Die Zeit in Karlshöh ging dahin. Günthers Arbeitsbereich wuchs noch um einen Hof in Farmsen der ebenfalls der Hamburger Sozialbehörde unterstand. Für die Kinder war es eine schöne und glückliche Zeit. Garten, Park, der Geflügelhof und der Kuhstallboden des Gutes dienten ihnen als Spielplätze, auf denen sie sich frei entfalten konnten. Nur mit der Entfaltung von Günther war es nicht weit her. Immer wieder musste er sich Entscheidungen seiner vorgesetzten Behörde beugen, deren Widersinnigkeit er zu akzeptieren hatte, obwohl es für viele Angelegenheiten eine aus seiner Sicht bessere und einfachere Lösung gegeben hätte. Zum Gut gehörte auch eine Kükenbrüterei. Absatz für die künstlich ausgebrüteten Küken gab es reichlich. Allerdings wurde damit kein Geld verdient, denn die personelle Besetzung in diesem Betriebsteil überstieg mit ihren Lohnkosten in hohem Maße die erzielten Einnahmen. Die personelle Besetzung lag wiederum in der Entscheidung der Personalabteilung, auf die Günther keinen Einfluss hatte. So konnte er nur tatenlos zusehen, wie die riesigen Verluste aus der Brüterei den Gewinn des Gutes schmälerten. Überdies musste jede Neuerung beim Verwaltungsleiter beantragt werden, der aber meist nichts davon verstand. Also wurde ein Schreiben an die nächsthöhere Dienststelle aufgesetzt, die aber oft solange mit einer Antwort wartete, bis es nicht mehr lohnte, diese Neuerung einzuführen. Wenn er gelegentlich am Abend verärgert von der Arbeit nach Hause kam, war es Ninchen, der es gelang, seine Stimmung wieder ins Gleichgewicht zu bringen. „Günther, ich weiß, dass du dich manchmal über unsinnige Entscheidungen der Behörde ärgerst. Aber versuche doch einfach, das Ganze von der positiven Seite zu sehen. Du bist in der glücklichen Lage, Arbeit zu haben, und du bist heil aus dem Krieg und aus der Gefangenschaft zurückgekommen. Das ist doch schon sehr viel. Dieses Glück hatten andere nicht." – „Sicher, das stimmt, aber trotzdem vergleiche ich meine Arbeit hier immer mit unserer Zeit in Datzow. Was haben wir dort alles geschafft in den paar Jahren, bis ich eingezogen wurde. Wir haben so viel gebaut und saniert, wir konnten unsere Ideen verwirklichen, ohne vorher jedesmal um Erlaubnis fragen zu müssen." – „Aber denk mal dran, dass die Nazis uns auch einen Baustopp verpasst haben, als wir den Keller vom Gutshaus sanieren wollten", warf Ninchen ein. „Und denk an die Zeit im Krieg, wie schlimm das war, als wir getrennt waren und nicht wussten, ob du wieder nach Hause kommen würdest. Ich stand mit der Arbeit auf dem Hof allein da und wusste oft nicht, was ich zuerst machen sollte." – „Ja, das war wirklich eine furchtbare Zeit", stimmte Günther zu. Ninchen stand auf und öffnete die Schublade eines Schrankes. Darin lagen mehrere Packen Papier, die jeweils mit einem farbigen Band zusammengebunden waren. „Mir sind neulich beim Aufräumen gerade deine Briefe in die Hände gefallen. Lies doch mal, was du damals geschrieben hast", sagte Ninchen und gab ihm einen der vielen beschriebenen, inzwischen vergilbten Bögen in die Hand. Günther lächelte und begann zu lesen.

Mein liebes Ninchen! 8.1.1945

Gestern schrieb ich nicht, leider ging es nicht, die Bahnfahrt ist beschwerlich. Nun habe ich schon Marburg, Frankfurt, Mannheim und Heidelberg hinter mir gelassen und nun geht es in Richtung Freiberg. Von dort geht es dann zu Fuß weiter oder mit Gelegenheit. Die Nacht schlief ich im 1. Klasse Waggon, lang ausgestreckt, die Decke und die Lederweste tun gute Dienste in den zum Teil ungeheizten Zügen. Die anderen frieren bös. Sonst geht es mir gut, die Freßkiste beginnt sich zu leeren, denn die Marschverpflegung ist nicht zu reichlich.

Wie froh ich bin, Euch dort oben auf Rügen zu wissen, kann ich Dir gar nicht sagen. Wenn man diese Städte hier sieht, könnte man weinen, soweit das Auge reicht nur Trümmer. Einigermaßen heil sind nur noch kleinere Dinger und die werden mit Tiefflügen berast. Die Züge haben phantastische Verspätungen, gestern wurde einer ausgerufen mit

675 Minuten Verspätung! Ich bin noch ohne Tiefflieger und Bomben gereist. Wie einzelne Bahnhöfe aussehen, ist unbeschreiblich. Wie es möglich ist, daß durch Bomben eine Lokomotive auf ein Haus geschleudert wird, ist mir schleierhaft. 2 und 3 Güterwagen übereinander ist keine Seltenheit. Andere stehen wieder wie tanzende Hunde gegeneinander. Schienen sind gebrochen wie Streichhölzer. Die Menschen sind nervös und in dauernder Flucht vor den Fliegern. Man kann es nicht beschreiben. Wenn bei den Fliegern nichts gemacht wird, halten wir das nicht durch. In Gießen lagen wohl 200 Lokomotiven herum, die zerstört waren. Na, davon ab, wir werden ja sehen.

Macht Euch man keine Gedanken, es kommt doch, wie es soll. Man muss in heutiger Zeit alles an sich herankommen lassen und dann handeln, ein Vorbestimmen gibt es nicht mehr.

Wie mag es Gebbi gehen, ich hoffe gut. Nun seid alle recht herzlich gegrüßt und geküßt von Eurem Vatimaus

Günther legte den Bogen beiseite. In der Schublade lagen noch mehr als 200 Briefe, die er ihr aus dem Krieg geschrieben hatte. Er war gerührt darüber, dass Ninchen seine Briefe all die Zeit aufbewahrt hatte. Er hatte nicht vermutet, dass sie ihr so viel bedeuteten. Sie hatte sie mitgenommen, als sie wegen der Russen aus Datzow fliehen musste. Die Briefe waren auch dabei, als es mit dem Boot über die Ostsee nach Kappeln ging und von dort aus zu ihrer Schwester nach Nienstedten. Plötzlich wurde ihm bewusst, wie gut es ihnen doch jetzt ging. Der Krieg war vorüber und damit auch die Zeit der Flucht. Warum behielt man immer nur das Schöne und Positive in Erinnerung und vergaß so schnell all das Schreckliche? Wenn er es aus dieser Sicht betrachtete, waren die Kleinigkeiten, über die er sich manchmal ärgerte, überhaupt nicht der Rede wert.

Einmal Karlshöh – Sachsenwaldau und retour

Drei Jahre waren in Karlshöh vergangen, da bot sich ein neuer und, wie es Günther schien, besserer Arbeitsplatz. Die Stadt Hamburg hatte einen Teil der Bismarckschen Ländereien im Sachsenwald gekauft. Dort, in Sachsenwaldau, sollte ein weiterer Hof für die Sozialbehörde aufgebaut werden. Man übertrug Günther Glantz die Anlage und die Leitung des neuen Landwirtschaftsbetriebes. An dem Tag, an dem man ihm die Versetzung mitteilte, kam er überglücklich nach Hause. „Stell dir vor Ninchen, ich darf einen neuen, 400 Hektar großen Betrieb im Sachsenwald aufbauen. Ich habe dabei fast völlig freie Hand." Ninchen freute sich für ihren Mann. So zufrieden und glücklich erschien er ihr in diesem Moment. Das hieß natürlich auch wieder einmal, alles zusammenzupacken und neu zu beginnen. Aber daran hatten sie sich inzwischen gewöhnt. Viel gab es ohnehin nicht mitzunehmen, denn ihr Hausrat war sehr bescheiden, das Geld, das ihr Mann verdiente, reichte immer gerade für das Nötigste. „Wo werden wir denn dort wohnen, Günther?", fragte Ninchen, die immer sehr praktisch dachte. „Wir werden fast so leben wie in Datzow", prahlte ihr Mann. „Wir haben ein großes, einzeln stehendes Haus in einem Park. Es gibt dort mehrere Karpfenteiche und viele alte Bäume. Das Allerbeste für dich ist, dass du nicht mehr heizen brauchst." – „Ach, Günther, das Heizen macht mir doch nichts aus." – „Aber du hast bestimmt auch nichts gegen eine Heizung, die das ganze Haus schön warm hält." – „Das hört sich ja fast so an, als würden wir in ein Schloss ziehen", neckte Ninchen ihren Mann. „Wir ziehen in ein Schloss und du wirst meine Königin", ging er auf ihren Scherz ein. Er sah seine Frau, die inzwischen 33 Jahre alt war, an. Sie war für ihn jetzt noch anziehender als in der Zeit, als sie sich kennen lernten. Ihr apartes Gesicht mit den großen hellen Augen, drückte zugleich Lebendigkeit und Zurückhaltung aus. Dazu lag in ihren nicht ganz regelmäßigen Zügen eine bemerkenswerte Ausstrahlungskraft. Sie war eine große schlanke Frau, deren Haltung Souveränität ausdrückte. Trotz der fünf Kinder, die sie zur Welt gebracht hatte, war ihr Körper noch mit dem eines jungen Mädchens zu vergleichen. Vierzehn Jahre waren vergangen, seit er sich mit ihr verlobt hatte.

Sein erstes selbst zusammengespartes Motorrad half dabei, die Entfernungen zu überbrücken, die zwischen ihnen beiden lagen. Zuerst brachte ihn das Fahrzeug nach Rostock-Marienehe, wo seine späteren Schwiegereltern, die Rösinghs, eine Domäne bewirtschafteten. Später auch nach Kleeth bei Neubrandenburg, wohin die Familie umzog. Durch Ninchens Brüder, Thiele und Enno, die auf Hohen Wieschendorf in der Landwirtschaft ausgebildet wurden, hatten sie sich kennen gelernt. Das Gut seiner Eltern besaß in ganz Norddeutschland einen guten Ruf als Ausbildungsbetrieb. Günther hatte zu jener Zeit längst sein Elternhaus verlassen und führte ein recht abwechslungsreiches Leben. Ihm selbst und auch seinem Vater lag viel daran, die unterschiedlichen Wirtschaftsweisen der einzelnen Guts- und Hofbesitzer zu vergleichen, um daraus zu lernen. In Nienhagen am Rande der Gehldorfer Heide bei Rostock, als Zwangsverwalter in Kritzow bei Wismar oder auf dem Gut Kleefeld östlich von Schwerin machte er mal mehr und mal weniger gute Erfahrungen, die für ihn ausnahmslos lehr- und hilfreich waren. Zwischenzeitlich pendelte er mit dem Motorrad zwischen seinen jeweiligen Arbeitsorten und Ninchen, die er auch hin und wieder mit nach Hohen Wieschendorf nahm, hin und her. Es war eine herrliche Zeit. 1935 wurde doppelt Verlobung gefeiert. Zuerst in Kleeth, einige Wochen später noch einmal in Hohen Wieschendorf. Drei Jahre darauf, nachdem das Gut in Datzow gekauft war, gab es eine riesige Hochzeitsfeier. Datzow wurde nun zum Lebensmittelpunkt der beiden. Paul und Edith kamen oft zu Besuch nach Rügen und auch die Schwiegereltern von Günther ließen sich häufig bei dem jungen Paar sehen. Die Rösinghs, deren Domäne in Rostock-Marienehe dem geplanten Hafenausbau für Kriegszwecke weichen musste, hatten 1934 die Domäne Kleeth bei Neubrandenburg als Ausgleich erhalten. Mit großem Enthusiasmus machten sie sich an den Ausbau des Betriebes, der über guten Boden verfügte. Dieser Enthusiasmus wurde allerdings jäh gestoppt. Schon nach 11 Jahren war alles, was sie dort an Geld und Arbeitskraft investiert hatten, wertlos geworden. Auch ihnen blieb nur die Flucht in den Westen. Nun waren also all die Mecklenburger hier in Hamburg gestrandet. Günthers Schwiegereltern, seine eigene Familie und seine Eltern, die inzwischen eine eigene Wohnung im Stadtteil Rahlstedt besaßen.

Fünf Jahre waren mittlerweile seit der beschwerlichen Flucht von Hohen Wieschendorf nach Braunschweig vergangen. So lange hatte es gedauert, bis Paul und Edith eine bezahlbare eigene Wohnung fanden. In den Jahren zuvor lebten sie in den Wintermonaten bei ihrem zweitältesten Sohn Kurt und dessen Familie in Braunschweig. Die Sommermonate verbrachten sie bei Günther und Ninchen in Karlshöh. Pauls Bruder, Hermann, den es nach der Flucht nach Lübeck verschlagen hatte, kam gern zu Besuch. Wenn die beiden Brüder dann beisammen saßen, blieb es nicht aus, dass sie ins Fabulieren kamen. Etliche Liter an Kaffee tranken sie dabei. Das war der einzige Luxus, den sie sich gönnten. Seit kurzem waren die aromatischen braunen Bohnen wieder erhältlich. Paul verfiel dann oft in eine melancholische Stimmung. „Jetzt sitzen wir hier bei mir in der Dachwohnung und sehen durchs Fenster nur Häuser, überall nur Steine und Beton“, sagte er zu seinem Bruder, „mir kommt es vor, als wäre es gestern gewesen, als ich noch von meinem Bürofenster aus die Ostsee sehen konnte.“ – „Ja, die Zeit ist nur so gerast. Ich hätte mir früher auch nie vorstellen können, Paul, dass wir beiden Bauern mal in der Stadt alt werden“, antwortete Hermann. „Das hätte wohl niemand gedacht. Wenn mir jemand gesagt hätte, dass ich abends nicht mehr über meine Felder gehe und nachsehe, wie das Getreide und die Rüben stehen, dann hätte ich denjenigen für verrückt erklärt. Ich vermisse auch so sehr den Salzgeruch in der Luft und das Schreien der Möwen.“ Paul schüttelte den Kopf, als sei ihm eben erst bewusst geworden, in welcher Lage er sich befand. In Wirklichkeit quälten ihn fast täglich die Gedanken daran, dass er nun, am Ende seines Lebens, um alles gebracht worden war und mit ihm seine Kinder. Besitz, sozialer Status und Heimat – alles hatte sich in nichts aufgelöst. „Nun lass uns mal nicht trübsinnig werden, Paul. Wir leben noch und unsere Kinder haben auch den Krieg überlebt, dafür können wir dankbar sein“, versuchte Hermann das Gespräch in eine andere Richtung zu lenken. „Das stimmt wohl, aber ich würde zu gern wissen, wie es in Datzow oder Ganzlin oder in Hohen Wieschendorf aussieht, die sollen dort ja jetzt das ganze Land aufgeteilt haben. Alles, was wir in jahrzehntelanger Arbeit geschaffen haben, hat man uns genommen, ist das etwa gerecht?“, wandte sich Paul halb zornig, halb resigniert an seinen Bruder. „Gerechtigkeit kann man wohl kaum von den Kommunisten erwarten. Die machen ihre eigenen Gesetze“, kam es nachdenklich von Hermann. Dann fuhr er fort und in seiner Stimme klang deutliche Bitternis mit. „Das Allerschlimmste an deren Rechtsgefühl ist, dass sie uns als Verbrecher und Ausbeuter hingestellt haben und uns einsperren wollten.“ – „Ja, das kann ich bis heute nicht fassen. Wenn wir nicht rechtzeitig gewarnt worden wären, würden wir jetzt nicht hier sitzen, wir wären vielleicht in einem Lager in Sibirien.“ Hermann bat seinen Bruder um eine neue Tasse Kaffee und riss ihn damit aus seinen Grübeleien. „Du machst mich noch arm mit dem vielen Kaffee, den du trinkst“, kam es nun wieder gelöster von

Paul. Das war für Hermann das Stichwort. Er war froh, seinen Bruder abgelenkt zu haben, und sagte lachend: „Du bist doch der Reichste von uns allen. Du hast doch noch die Pacht von deiner Marschweide in Friesland." – „Das war wirklich eine unbezahlbare Entscheidung damals. Die Weide ist ja nun wirklich das Einzige, das mir von allem übrig geblieben ist." – „Siehst du, vielleicht bekommen wir unser anderes Land auch zurück. Ich kann nicht glauben, dass das alles endgültig sein soll. Es kann doch nicht bis in alle Ewigkeit mit den Russen so weitergehen", machte Hermann sich und seinem Bruder Hoffnung. „Naja, möglicherweise können wir irgendwann doch zurück. Und wenn wir nur in der Heimaterde begraben werden", klammerte sich auch Paul an diesen Gedanken. Manchmal sah er im Geist auch seine Kinder wieder nach Mecklenburg zurückkehren. Dass es erst einer seiner Enkel, der jetzt gerade sechs Jahre alt war, sein würde, das lag jenseits seiner Vorstellungskraft.

Günther, der ebenfalls oft mit seinem Vater über diese Problematik sprach, konnte dessen Verbitterung verstehen. Auch er selbst litt immer noch unter der Vertreibung. Aber der Alltag mit seinen Aufgaben sorgte dafür, dass sich die trüben Gedanken schnell wieder verflüchtigten. Die neuen Pflichten in Sachsenwaldau erfüllten Günther mit Befriedigung. Er durfte weitgehend eigene Entscheidungen treffen. Der leichte Boden war ideal für den Kartoffelanbau geeignet. Auch ein Sauenstall wurde gebaut, denn mit den Kartoffelabfällen ließen sich Schweine füttern, was die Mast rentabel machte. Auf den schwereren Böden wurden Zuckerrüben angebaut. Ein aus Günthers Sicht unsinniger Beschluss war die Haltung von Kühen, denn es gab kein Weideland. Aber wieder einmal musste er sich dieser Dienstanordnung beugen. Die Kühe blieben also ganzjährig im Stall. Ihr Futter bestand hauptsächlich aus Schlempe, die als Abfallprodukt aus der Bismarckschen Kornbrennerei billig zu kaufen war. Immer wieder versuchte Günther auch Vorgaben der Behörde, die wirtschaftlich unrentabel waren, mit eigenen Ideen zu ergänzen, um am Ende doch noch lukrative Ergebnisse zu erzielen.

Mit seiner schnellen und unkonventionellen Arbeitsweise machte er sich in Sachsenwaldau nicht nur Freunde. Zu seinen Aufgaben als Gutsverwalter gehörte es, eine von den Engländern abgeholzte Waldfläche des Sachsenwaldes wieder aufzuforsten. Hundert Hektar Land wurden so innerhalb eines Jahres mit Kiefern bestückt, für die auf dem Sandboden ideale Wachstumsbedingungen herrschten. Wie gewohnt, hatte Günther schnell und allein entschieden. Das gefiel dem

Hamburger Forstmeister ganz und gar nicht. Schließlich war er der Fachmann und hätte vorher um Rat gefragt werden müssen. Außerdem konnte er sich schlecht damit arrangieren, dass dieser dahergelaufene Landwirt aus Mecklenburg 100 Hektar in einem Jahr mit Bäumen bepflanzte, er selbst brachte aber nur fünf Hektar Aufforstung pro Jahr Zustande. Das war ein Fall für eine Beschwerde bei der Behörde, denn es ging ja nicht an, dass auf 100 Hektar nur Kiefern gepflanzt wurden. Im Ergebnis dieser Beschwerde bekam Günther von der Forstbehörde die Auflage, einen Teil des Waldes als Versuchsfläche mit Mischwald aufzuforsten. Er kam dieser Auflage nach, stellte aber bei einem späteren Besuch fest, dass der Bewuchs dieses Waldstückes wegen des trockenen Bodens wieder eingegangen war.

Alles in allem war es eine schöne Zeit in Sachsenwaldau. Die Kinder hatten noch mehr Freiraum als in Karlshöh und ihr Schulweg führte sie jeden Tag durch den Sachsenwald nach Aumühle. Geld war nach wie vor ein rares Gut, aber fast alles, was an Lebensmitteln nötig war, wurde selbst erzeugt. Sogar die Federn in den Betten stammten von den eigenen Gänsen, die gar nicht so gefährlich waren, wie die Kinder es in der Erzählung des Vaters gehört hatten. Das erste Weihnachtsfest in Sachsenwaldau wurde von einem kolossalen Luxus geprägt. Ninchen spendierte für jedes Kind ein hübsches kleines Herz, mit dem der Weihnachtsbaum geschmückt wurde. Diese Herzen blieben noch viele Jahre später fester Bestandteil des Weihnachtsfestes in der Familie. Drei Jahre dauerte die schöne und befriedigende Zeit an, bis es erneut ans Kofferpacken ging. Ein weiterer Umzug zurück nach Karlshöh stand an. Der Betrieb in Karlshöh und auch der zweite in Farmsen lagen inzwischen abgewirtschaftet und vernachlässigt am Boden. Während Günthers Abwesenheit war dort alles drunter und drüber gegangen. Nun war er von der Sozialbehörde dazu ausersehen worden, die verbrannten Kartoffeln aus dem Feuer zu holen.

Wieder einmal machte er sich also von Neuem an die Arbeit. Die Schweinemast versprach Gewinn, weil die Abfälle der Hamburger Krankenhäuser kostenlos als Futter zur Verfügung standen. Schnell erweiterte er den Tierbestand auf 1000 Mastschweine und hielt dafür zusätzlich 150 Sauen, um deren Reproduktion zu gewährleisten. Die beiden Güter konnten wieder wirtschaftlich geführt werden, obwohl der Geflügelhof nach wie vor rote Zahlen schrieb. Es kündigte sich nun aber zusätzlich ein weiteres gewinnversprechendes Standbein an.

Der renommierte Pflanzenzüchter und Forscher Professor Reinhold von Sengbusch, der die Max-Planck-Gesellschaft für Pflanzenzüchtung in Hamburg-Volksdorf leitete, arbeitete gerade an einer Versuchsreihe für eine neue Erdbeersorte. Als Partner für diese Versuchsreihe gewann er verschiedene Staatsgüter, um auf deren Flächen diese Sorte zu vermehren und zu kultivieren. Mit gleicher Absicht wandte er sich auch an das Gut Karlshöh. Das schien in Günthers Augen eine einmalige Gelegenheit für den Betrieb zu sein. Er war von diesem Vorhaben sofort fasziniert, schon immer interessierte ihn alles Neue. Es ließ sich damit sogar ein lukrativer Gewinn für das Gut erzielen. Er freute sich schon auf die neue Aufgabe. Diese Rechnung hatte er jedoch ohne seinen Vorgesetzten gemacht. Der Leiter der Sozialbehörde teilte leider nicht Günthers Begeisterung für den Erdbeerversuchsanbau und lehnte das Vorhaben ab. So kam es nicht zu einer Zusammenarbeit der Max-Planck-Gesellschaft mit dem Gut Karlshöh.

Aber es kam zu einer anderen Zusammenarbeit. Als Günther eines Abends zu Hause eintraf, überfiel er Ninchen mit einer Idee: „Was hältst du davon, wenn wir unseren Garten ganz und gar mit Erdbeeren bepflanzen?“ Ninchen schaute skeptisch. „Wer soll denn so viele Erdbeeren essen?“, fragte sie, „und Kartoffeln, Mohrrüben und Bohnen, wo sollen die wachsen, wo säe ich den Salat und die Erbsen aus? Wollen wir das alles im Vorgarten unterbringen?“ – „Das ist doch mal eine gute Idee. Langweilige Blumen wachsen ja vor jedem Haus. Wir verzieren unseren Vorgarten eben mit Blumenkohl und Tomaten“, antwortete Günther lächelnd. Er liebte es, seine Frau ein bisschen zappeln zu lassen, bevor er zum Kern der Dinge kam. „Ich habe mich heute mit einem gewissen Professor von Sengbusch unterhalten. Der hat eine neue Erdbeersorte gezüchtet und möchte damit einen großflächigen Testanbau starten.“ – „Aha, dann willst du also unseren ganzen Garten mit Erdbeeren bestellen und meinst, dass dir dein Herr Professor die Ernte abkauft“, blieb Ninchen weiterhin skeptisch. „Er kauft mir nicht die Ernte ab, sondern bezahlt mich dafür, dass ich seine Pflanzen teste und vermehre. Er hat eine neue Sorte gezüchtet, die im Feldanbau wachsen soll. Die Sorte wird Senga Sengana heißen.“ – „Erdbeeren auf dem Feld, das soll funktionieren?“ – „Das will er ja jetzt testen. Eigentlich wollte er das in Karlshöh erforschen, aber mein Chef war dagegen. Ich hab mir dann gedacht, wenn Karlshöh nicht will, kann ja Günther Glantz wollen. Wir würden auch gut dafür bezahlt werden.“ – „Das hört sich nicht schlecht an. Wann soll es denn losgehen mit den Erdbeeren?“, fragte Ninchen. „Wir können jetzt gleich im Frühjahr pflanzen, oder bis zum August warten.“ – „Warum sollen wir denn so lange warten, wir können doch auch gleich anfangen", war ihre spontane Meinung, wobei sie aufgeregt eine ihrer langen Haarsträhnen um den Zeigefinger wickelte. Ihre anfängliche Skepsis schlug nun in Begeisterung um. Günther musste schmunzeln. Wenn es ihm gelang, seine Frau von einer Idee zu überzeugen, dann war sie ziemlich schnell Feuer und Flamme. Er konnte also den Vertrag über den Testanbau der neuen Sorte Senga Sengana unterschreiben.

Damit waren die Grundlagen für den Erdbeeranbau als Nebenerwerb gelegt. Nicht ganz so begeisternd gestaltete sich in der folgenden Zeit Günthers Haupterwerb. Die Schweinemast, die sich anfangs so erfolgreich zeigte, erhielt einen großen Rückschlag durch die Schweinepest. Diese Krankheit war durch infizierte Abfälle der Krankenhäuser in den Bestand geraten. Von nun an mussten alle Abfälle gekocht werden, bevor sie verfüttert wurden. Das bedeutete einen gewaltigen zusätzlichen Arbeitsaufwand. Einige Zeit später, die Stadt Hamburg wuchs immer mehr in das ländliche Gebiet Farmsen hinein, wurde die Schweinemast wegen Geruchsbelästigung verboten. Die wichtigste Einnahmequelle des Gutes ging damit verloren. Weitere Defizite entstanden durch die Übernahme aller tuberkulosekranken Rinder anderer Staatsgüter und deren Schlachtung in Karlshöh. Diese Anweisung stammte von Günthers Vorgesetztem, der auch den Preis für die Rinder aushandelte. Die ausgemergelten Kühe brachten selbstverständlich einen viel geringeren Schlachterlös als den vorher ausgehandelten. So blieb es nicht aus, dass Günther immer wieder mit seinem Vorgesetzten aneinandergeriet. Ein weiterer Zankapfel war ihre Meinungsverschiedenheit über die Mast von Hybridhühnern, die zu jener Zeit gerade aktuell wurde. Günther sah darin eine neue und lohnenswerte Methode, den Geflügelhof wieder wirtschaftlich zu machen, stieß damit aber auf taube Ohren bei seinem Chef. Gleichzeitig ging immer mehr landwirtschaftlich genutzte Fläche in Farmsen für den Bau von Wohnungen verloren. So nahm das Gut Karlshöh ständig an Bedeutung ab und gewann gleichzeitig an finanziellen Verlusten. Es blieb nur noch eine Frage der Zeit, wann Günther seine Anstellung dort verlieren würde. Den Anlass dafür bot eine Bagatelle. Seine Gewichtsschätzung für Schweine, die geringer ausfiel als ihr wirkliches Gewicht, wurde ihm als persönliche Bereicherung ausgelegt und bildete seinen Kündigungsgrund. Mit einer Klage vor dem Arbeitsgericht konnte er diese Anschuldigung zwar widerlegen und bekam Recht und auch eine Abfindung, sein Arbeitsplatz war jedoch verloren. Wieder einmal stand er vor einem Neubeginn – in einem Alter von 52 Jahren.

Neue Horizonte

1961 – das Jahr, in dem Günther Glantz seine Arbeit verlor, war gleichzeitig das Jahr, in dem die deutsche Teilung als endgültig angesehen wurde. Durch den Bau der Berliner Mauer war jeglicher persönlicher Kontakt zwischen den Bewohnern der beiden deutschen Staaten unmöglich gemacht worden. Die Hoffnung auf eine Rückkehr in die mecklenburgische Heimat war für alle Angehörigen der Familie Glantz nun auf dem Nullpunkt erstarrt. Paul Glantz lebte nicht mehr, er war am 22. April 1952 in Hamburg gestorben, hielt aber bis an sein Lebensende die Gedanken an eine Rückkehr nach Hohen Wieschendorf aufrecht. Edith Glantz überlebte ihren Mann um 22 Jahre und verbrachte ihren Lebensabend bei Günther und Ninchen. Beide, Paul und Edith, hatten den Wunsch, sich nach ihrem Tod einäschern zu lassen, um bei einer eventuellen Rückkehr der Kinder nach Hohen Wieschendorf dort beigesetzt werden zu können.

Dieser Gedanke an eine Rückkehr lag jetzt für Günther jenseits der Realität. Er lebte im Hier und Heute, seine Überlegungen und Handlungen richteten sich hauptsächlich darauf, für den Lebensunterhalt der Familie zu sorgen. Seine Entlassung kam nicht Unvorhergesehen. Er wusste ja bereits seit längerem, dass die beiden Güter nicht mehr rentabel zu bewirtschaften waren und dass die Stadt sich immer weiter ins Land hineinfraß. Auch die Differenzen mit seinem Vorgesetzten wurden nicht geringer. Dennoch hielt er sich, so lang es ging, an diesem dünnen Seil, das ihm die Anstellung in Karlshöh bot. Was blieb ihm auch anderes, in seinem Alter und mittellos? Aber manchmal muss das Seil reißen, damit derjenige, der daran hängt, merkt, dass es in Wirklichkeit gar nicht notwendig ist, sich festzuhalten. Die Sicherheitsleine war nun, mit seiner Entlassung, verschwunden. Das mobilisierte abermals neue Kräfte in dem Landwirt. Die Glantz' waren immer freie Bauern auf freiem Land gewesen, warum sollte ihm das nicht auch gelingen? Land besaß er zwar nicht. Geld war auch nicht vorhanden, aber Günther war mit einem starken Willen, Entschlusskraft und Optimismus ausgestattet. Außerdem hatte er eine Frau an seiner Seite, die er bedingungslos als Verbündete betrachten konnte. Und es gab die Erdbeeren, die bereits seit mehreren Jahren eine lohnende zusätzliche Einnahmequelle bildeten.

Neun Jahre zuvor, 1952, hatten Günther und Ninchen schon damit begonnen, Erdbeeren im Versuch für die Max-Planck-Gesellschaft zu pflanzen. Der eigene Garten in Karlshöh diente als erste Anbaufläche. Die neue Erdbeere „Senga Sengana“ hatte das Versuchsstadium längst verlassen und wurde durch ihre aromatischen Früchte eine sehr begehrte Sorte. Sie hatte den großen Vorteil, großflächig auf Feldern angebaut werden zu können. Das war ein völliges Novum, denn bis zu jener Zeit wuchs die Erdbeere als reine Gartenfrucht. Günther und Ninchen merkten bald, dass sich der Erdbeeranbau lohnte und dass sich die Früchte gut verkaufen ließen. Schnell stellte sich heraus, dass ihr Garten zu klein war. Durch einen glücklichen Umstand konnten sie aber ihre Anbaufläche durch ein Feld in Farmsen vergrößern. Einer der Bauern dort hatte seinen Hof aufgegeben und verpachtete ihnen einen halben Hektar Acker. Damit gehörten die Glantz' zu den Pionieren des feldmäßigen Erdbeeranbaus in Deutschland. Es wurde eine arbeitsintensive Zeit, vor allem für Ninchen, denn Günther hatte ja hauptsächlich das Gut in Karlshöh zu verwalten. Glücklicherweise waren die Kinder schon größer und halfen am Nachmittag, nach dem Schulunterricht, oft bei der Pflege und Ernte der Erdbeeren. Die Marmeladenfabrik in Bad Schwartau wurde zum Hauptabnehmer der Früchte. Ein Jahr später, 1954, wurde die Anbaufläche noch einmal um 3,5 Hektar erweitert. Wieder hatte einer der Bauern in Farmsen seinen Hof aufgegeben und verpachtete an Günther und Ninchen das Land. Jetzt war die Anbaufläche so groß, dass für Pflege und Verkauf der Erdbeeren sogar ein Pferd zum Einsatz kam. Eine nicht zu ersetzende Hilfe bei der Feldarbeit wurde Hannes Rex. Der alte Gespannführer, der schon bei Paul Glantz auf dem Gut Hohen Wieschendorf nicht wegzudenken war, hatte genau wie die Glantz' die Flucht vor den neuen Herren Mecklenburgs ergriffen. „Dat ward hier nix mit de Kommunisten“, so hieß es jedenfalls in seiner offiziellen Version von der Flucht. Hinter vorgehaltener Hand wurde gemunkelt, dass er auch vor seiner Frau die Flucht ergriffen hätte. Aber wie dem auch sei – er war eine treue Seele und ein begnadeter Landarbeiter. Keiner konnte den Boden so gleichmäßig und tief pflügen wie er. Keiner konnte so gut mit Pferden umgehen und keiner war mit solcher Bauernschläue ausgestattet, die sich oft in Lebensweisheiten zeigte, die er auf Platt von sich gab. Einer seiner vielen Sprüche, die in Erinnerung blieben, war der an sein Pferd Luten gerichtete Satz: „Luten, du bist vel kläuger as min Fru.“

Das Feld, das jetzt zusätzlich beackert wurde, lag inmitten der neuen Wohngebiete von Farmsen. Im Juni, wenn die ersten Früchte reif waren, kamen die dort ansässigen Bewohner, um die Erdbeeren gleich frisch vom Feld zu kaufen. Reges Gedrängel herrschte dann. Was eigentlich zu begrüßen gewesen wäre, stellte sich aber als Nachteil heraus. Die Verträge mit der Bad Schwartauer Marmeladenfabrik besagten nämlich, dass der Verkauf ausschließlich an die Fabrik erfolgen dürfe. Täglich kamen Kontrolleure des Werkes, um zu überprüfen, ob die Verträge eingehalten wurden. Aber wie sollte man den nach frischem Obst drängenden Städtern klarmachen, dass man ihnen keine Beeren verkaufen durfte? Es kam, wie es kommen musste. Die Schwartauer Fabrik kündigte die Verträge und damit lag die Vermarktung der Früchte ganz und gar in den Händen von Günther und Ninchen. Einen Großteil verkauften sie direkt vom Feld. Mit einem anderen Teil der Ernte belud Ninchen ihr altes klappriges Fahrrad und fuhr damit Bäcker und Konditoren in der Umgebung an, um ihnen die frischen Früchte zu liefern. Das alles bildete einen angenehmen Nebenverdienst zu Günthers Einkommen. Von dem verdienten Geld wurden die ersten Gardinen gekauft. Sogar einen Teppich konnte man sich jetzt leisten, der den Kindern in der ersten Zeit als luxuriöser Spielplatz diente.

Dieses bisherige Spielbein des Erdbeeranbaus ließ sich nach Günthers Meinung durchaus zu einem von mehreren Standbeinen für einen Neubeginn als Landwirt ausbauen. Nun fehlten nur noch Land und Geld. Das Land war bald gefunden. Anlässlich eines Besuches bei seinem Bruder Walter, der inzwischen in Bargteheide lebte, erfuhr Günther von einem Hof, der zu verpachten war. Dieser 57 Hektar umfassende Hof in Delingsdorf, zwischen Bargteheide und Ahrensburg gelegen, bildete mit seinem mittelschweren Boden den passenden Rahmen für seine Pläne. Das Geld, das für einen Neuanfang nötig war, ließ sich da schon etwas schwieriger auftreiben. Aber auch das stellte kein unüberwindliches Hindernis dar. Ein Kredit über 52.000 DM, den er als Flüchtling erhielt, war das Startkapital für seine neue Existenz. Ein Anfang war das zwar, reichte aber längst nicht für alle anfallenden Kosten. Trotzdem war man hoffnungsvoll und guter Dinge.

Der 1. Juli 1961 wurde zu einem ganz besonderen Tag im Leben von Günther und Ninchen Glantz. Es war der erste Tag, an dem sich Günther wieder offiziell als selbstständiger Landwirt betrachten konnte. Von diesem Tage an war er der Inhaber eines Hofes, wenn es sich auch um einen Pachthof handelte. Nun, mit 52 Jahren, fand er die Nabelschnur wieder, die ihn in seinem Selbstverständnis als Landwirt mit seinen Vorfahren verband und die 16 Jahre zuvor radikal durchtrennt worden war.

Delingsdorf – kein leichter Neuanfang. Der vorherige Pächter hatte den Hof nur noch notdürftig bewirtschaftet. Reichlich Arbeit war liegengeblieben für den Nachfolger. Die Rüben waren nicht verzogen und der Klee nicht gemäht. Die Ernte stand vor der Tür. Auch mit Inventar war der Hof nicht gerade reichlich ausgestattet, etliches war noch anzuschaffen. Aber Zuversicht gepaart mit Enthusiasmus waren durchaus Eigenschaften von Günther und Ninchen. Unter provisorischen Umständen lebten sie anfänglich in dem Bauernhaus, das den Hof zur Straße hin begrenzte. Die Wasserleitung reichte nicht bis ins Haus, sondern endete in der Milchküche. Es war auch kein Ausguss vorhanden und an ein Innen-WC oder gar an ein Bad war überhaupt nicht zu denken. Die beiden waren vor einiger Zeit eingezogen und wegen der anfallenden Arbeiten auf den Feldern und im Stall kaum zum Durchatmen gekommen. Dazu kam der Erdbeerverkauf vom Feld in Farmsen. Jetzt schien es Ninchen aber nicht mehr aufschiebbar. Sie musste mit ihrem Mann reden. Am Arm hielt sie Günther fest, der gerade auf den Hof wollte, um einen Mähbalken zu reparieren. „Günther, bleib mal einen Augenblick bei mir in der Küche, ich muss was mit dir besprechen." Er legte das Werkzeug, das er gerade in der Hand hielt, auf den Küchentisch und wischte sich die Hände an der Hose ab. Sie waren gar nicht schmutzig. Es war eher eine Verlegenheitsgeste, denn wenn Ninchen so offiziell tat, dann musste das etwas zu bedeuten haben. „Was gibt es denn so Wichtiges, was nicht bis heute Abend warten kann?", fragte er. „Heute Abend müssen wir melken und danach bist du doch auch wieder auf dem Hof oder auf dem Feld verschwunden", antwortete Ninchen ohne Vorwurf in der Stimme. Eigentlich hatte sie recht, dachte Günther, so richtig zum Reden waren sie, seit ihrem Einzug hier, überhaupt noch nicht gekommen. Ninchen setzte sich und deutete mit der Hand auf einen anderen Stuhl. Günther nahm ihr gegenüber Platz und sah in ihr müdes Gesicht. „Ich weiß ja, dass der Kredit nicht vorn und hinten reicht", fing Ninchen an ihren Mann gewandt an, „aber wir müssen bis zum Winter irgendetwas mit den Öfen machen. Sie sind alle kaputt, das weißt du ja. Außerdem muss der Abfluss ums Haus herum unbedingt erneuert werden. Das Wasser steigt an den Wänden hoch." – „Stell dir vor, das habe sogar ich schon bemerkt", sagte Günther lächelnd und machte eine Pause. Dann fuhr er fort: „Und weißt du was, ich habe mir schon beim Klempner einen Kostenvoranschlag für eine Heizung machen lassen. Das wird gar nicht so teuer. Wir können sogar noch die Wasserleitung bis in die Küche legen lassen und vielleicht bekommen wir auch noch ein Klo ins Haus, dann brauchen wir nicht mehr auf den Donnerbalken im Hof gehen." Er schaute sie mit Triumph im Blick an. Ninchen war baff. „Und wo kriegen wir das Geld dafür her?", fragte sie zaghaft. „Wir haben dieses Jahr mit den Erdbeeren nicht schlecht verdient. Außerdem bringt auch die Milch Einnahmen und wenn uns die Ernte nicht verregnet, bekommen wir dafür ja auch noch ein bisschen was." – „Das hört sich ja fast so an, als würden wir bald im Geld schwimmen", sagte Ninchen lachend. „Schwimmen nun nicht gerade, aber vielleicht ein bisschen plantschen." Günther sagte dies so leicht dahin, aber hinter seiner Stirn arbeitete es schon wieder. Eigentlich hätten sie sich die Renovierung am Haus nicht leisten können, denn die Erträge aus dem Erdbeerverkauf wogen gerade die Pachtzahlungen auf. Die Erneuerungen am Haus waren auch längst nicht alles, wofür sie Geld benötigten. Er musste unbedingt einen neuen Trecker, einen Pflug und einen Dungstreuer kaufen. Ganz wichtig war es auch, dass ein moderner Melkstand gebaut wurde. Die Kassen würden wohl noch für längere Zeit leer bleiben. Aber man musste geduldig sein. Es ging eben alles nicht so schnell.

Die Kinder waren längst erwachsen geworden, gingen ihren Eltern aber gern nach ihren Möglichkeiten bei der Arbeit zur Hand. Dürten hatte Kinderpflegerin gelernt und arbeitete nun in Hamburg. Zur Erdbeerernte nahm sie Urlaub, um die Früchte auszufahren. Ihre Schwester Antje wurde Sekretärin in Hamburg. Sie kam abends nach Hause und half ihren Eltern auf dem Hof. Die beiden nachfolgenden Jungen hatten das Elternhaus ebenfalls schon verlassen. Paul-Günther absolvierte eine Gärtnerlehre bei einer Baumschule in Hamburg-Nienstedten und Ulrich wurde Schiffsmakler – ebenfalls in Hamburg. Beide Jungen unterstützten ihre Eltern zuvor für jeweils ein Jahr auf dem Hof. Es zog sie jedoch alle in die große Stadt. Die Landwirtschaft zum Beruf zu machen, war für keines der vier Kinder ein erstrebenswertes Ziel. Aber da war ja noch Enno, der Jüngste.

Er war gerade 17 Jahre, als es für ihn hieß, sein geliebtes Karlshöh zu verlassen. Seine Kindheitserinnerungen und viele Erlebnisse verbanden ihn mit diesem Ort. Nun sollte er mit den Eltern nach Delingsdorf gehen. Aber der neue Wohnort bot auch neue Chancen. Pferde, diese wunderbaren Tiere, die ihn schon in frühester Kindheit faszinierten, waren bisher immer anderen vorbehalten gewesen. Er hatte sich zwar viel im Pferdestall von Karlshöh aufgehalten und durfte auch hin und wieder reiten, aber ein eigenes Pferd blieb bis dahin ein unerfüllbarer Traum für den Jungen. Dann aber, in Delingsdorf auf dem eigenen Hof, gab es endlich Platz für die Erfüllung seines schon so lange andauernden Wunsches. Diese Tiere trugen letztlich auch dazu bei, dass das jüngste der Glantz-Kinder beruflich den Spuren seiner Vorfahren folgte. Eine kaufmännische Lehre war nach dem Besuch der Handelsschule ursprünglich für ihn geplant. Aber ähnlich wie schon Paul und Günther Glantz hielt ihn nichts in geschlossenen Räumen. Eingesperrt und seiner Freiheit beraubt fühlte er sich, wenn er nicht draußen in der Natur sein konnte. Er brauchte die Weite des Landes um sich, den Geruch der Erde, das unmittelbare Erleben des Jahreszeitenwechsels. Auch die Pferde gehörten zu diesem Lebensgefühl. Die kaufmännische Lehre war andererseits auch nicht zu verachten. Da konnte man nach dem, was er gehört hatte, besseres Geld verdienen, als ein Landwirt es jemals könnte. Er war sich nicht sicher, welchen Berufsweg er gehen sollte – Kaufmann oder Landwirt. Hilfe für seine endgültige Berufswahl holte er sich bei seinem Onkel Ulrich Köhn. Dieser Onkel aus Nienstedten, bei dem die Familie schon nach der Flucht untergekommen war, übte einen großen Einfluss auf den Jungen aus. Enno bewunderte und achtete ihn. Dieser Onkel riet ihm, bei anstehenden Entscheidungen immer auf sein inneres Gespür zu achten. Es brächte nichts, wenn er unentschlossen sei, im Kopf das Für und Wider der einzelnen Möglichkeiten abzuwägen. Nur sein Gefühl würde ihm den richtigen Weg weisen. Enno war froh über diesen Rat und wusste nun auch selbst genau, wo seine Zukunft liegen würde. Die Landwirtschaft war es, die ihn faszinierte, auch wenn es zunächst so aussah, als könne man damit niemals mehr als gerade seinen Lebensunterhalt verdienen. Auch bei späteren Entscheidungen in seinem Leben half ihm das damalige Gespräch mit seinem Onkel. Enno setzte bei anstehenden Entscheidungen immer erst in zweiter Instanz den Kopf ein. Triebfeder für seine Handlungen wurde in erster Linie sein inneres Gespür.

Enno war auch derjenige der fünf Kinder, der sich brennend für die Vergangenheit der Familie in Mecklenburg interessierte. Gebannt und immer wieder neu fasziniert lauschte er den Erzählungen der Großeltern und Eltern, wenn sie von ihrem Leben an der Ostsee erzählten. Von den großen Jagdgesellschaften, Erntefesten und Hochzeitsfeiern wurde dann geschwärmt, die die Höhepunkte des Jahres bildeten und Abwechslung von der täglichen Arbeit boten. Hochzeiten, auf denen mehr als 100 Gäste geladen waren und die sehr ausgiebig und vornehm gefeiert wurden. Die Herren im Frack und Zylinder, die Damen in bodenlangen kostbaren Kleidern ging man würdevollen Schrittes nach genau festgelegter Reihenfolge in die Kirche und anschließend in die großen Festsäle. Oder die Erntefeste, von denen ihm seine Großmutter berichtete. Da ging es nicht so vornehm, dafür aber wesentlich lustiger zu. Hin und wieder mussten dann auch Gutsarbeiter, bei denen die Kömflasche zu oft Halt gemacht hatte, mit der Schubkarre nach Hause gefahren werden. Dieses Mecklenburg und die Güter Hohen Wieschendorf und Datzow erschienen ihm so märchenhaft und unwirklich, aber gleichzeitig auch so lebendig. Dass dies Orte sein sollten, die man nie wieder betreten, geschweige denn bewohnen konnte, war für ihn nur schwer vorstellbar. In seiner jugendlichen Phantasie wuchs dieses Land zu einer geheimnisvollen Insel, die endlos weit entfernt schien. In der Wirklichkeit war es nur ein Katzensprung bis dorthin, aber das Ziel blieb dennoch unerreichbar.

Im Laufe der Zeit tat sich einiges auf dem Hof in Delingsdorf. Auf einem Teil der Flächen wurden nun Zuckerrüben angebaut, mit denen Günther und Ninchen den vorangegangenen Futterrübenanbau ersetzten. In die Scheune und den Kornboden wurden Hühnerställe eingebaut, die 3000 Hühnern Platz boten. Die Eier konnten direkt in der Umgebung verkauft werden. Auch der Milchkuhbestand erhöhte sich von 24 auf 38 Rinder, die durch Kraftfutterzufütterung eine weitaus höhere Milchleistung erreichten. Einiges versprachen sich Günther und Ninchen aber vor allem von einer Ausweitung des Erdbeeranbaus. Nach und nach wichen Getreide und Rüben teilweise dieser zwar arbeitsintensiven, aber auch gewinnbringenden Kultur. Die Ernte aus Delingsdorf und Farmsen war nun nicht mehr direkt vom Feld zu verkaufen. Zwei kleine Holzbuden, eine in Delingsdorf und eine in Farmsen am Berner Heerweg, wurden die nächsten stationären Verkaufsstellen für die Früchte. Der erste Verkaufsstand am Tegelweg in Farmsen leistete schon seit etwas längerer Zeit gute Dienste. Die Anbaufläche, auf der die Erdbeeren wuchsen, vergrößerte sich um das Vierfache des ursprünglichen Areals. Für die Ernte wurden nun die ersten Saisonarbeiter eingestellt. Neben Hausfrauen aus der Umgebung und Schülern, die sich gern etwas dazu verdienten, waren es auch die ersten türkischen Gastarbeiter, die mit ihren Familien zum Pflücken kamen.

Günther und Ninchen waren zufrieden mit dem, was sie bisher gemeinsam erreicht hatten. Vom allgemeinen Aufschwung in der Wirtschaft profitierten sie nun auch. Die Zeit der allgegenwärtigen leeren Kassen war vorüber. Inzwischen war auch Enno längst nach seiner landwirtschaftlichen Ausbildung auf einem Hof in Willstedt, nur 20 Kilometer von Delingsdorf entfernt, und der Tätigkeit auf einem Versuchsgut und zwei Geflügelzuchtbetrieben nach Hause zurückgekehrt. Auch die Prüfung zum Landwirtschaftsmeister hatte er bestanden. Ursprünglich war es sein Ziel, in Delingsdorf die Hühnerhaltung auszubauen und damit die Vermarktung der Eier voranzutreiben. Schnell erkannte er jedoch, dass die Erdbeeren ein größeres wirtschaftliches Potenzial darstellten. Bei der Entscheidung gegen die Hühner und für die Erdbeeren kam ein unerfreulicher Zufall zu Hilfe.

Einige Kinder aus dem Dorf wurden von den vielen Eiern im Hühnerstall der Glantz' geradezu magisch angezogen. Da konnte man sich schnell mal ein paar in die Hosentaschen stecken und zu Hause als Zuckerei im Bauch verschwinden lassen. Aber an diesem Herbsttag des Jahres 1971 waren Bauch und Taschen der Kinder schon gefüllt. Also wurden die stibitzten Eier gleich nebenan in der Scheune versteckt, um sie am Abend abzuholen. Als es dunkel wurde, schlichen sich die kleinen Diebe ein zweites Mal auf den Hof, um das versteckte Beutegut zu bergen. Die Eier waren jedoch so gut getarnt, dass nur ein entzündetes Streichholz half, sie zu finden. Dieses kleine unbedeutende Licht brachte aber nicht die Eier zum Vorschein, sondern die Hühner im Stall um ihr Leben. Die unschuldige Flamme in Kinderhand wuchs im Stroh schnell zum mächtigen Scheiterhaufen, dem die Kinder noch entkommen konnten, nicht aber das Geflügel. Wieder einmal war es ein Brand, der die Familie traf. Wie bereits bei seinem Vater in Hohen Wieschendorf war nun auch bei Günther ein Stall abgebrannt.

Generationswechsel

Wo Altes weicht, wird Platz für Neues. Dieser Brand trug dazu bei, dem Hof ein anderes Gesicht zu geben. Die Episode der Hühnerhaltung fand ein Ende. Mit dem Bau eines neuen Gebäudes, das als Reithalle genutzt werden sollte, musste auch der Pachtvertrag geändert werden. Damit stand auch ein Generationswechsel bei den Glantz' an. 1972 wurde Enno der neue Pächter. Er bekam nun die Chance, selber gestalten zu können, und er war in der glücklichen Lage, auf einem stabilen Fundament bauen zu können, das seine Eltern zuvor in 11 Jahren errichtet hatten.

Auf ein stabiles Fundament gehört auch ein stabiles Haus. Dieses Haus sollte auf zwei Hauptsäulen ruhen. Die beiden Säulen waren die Pferdezucht und der Erdbeeranbau. Schon vier Jahre nachdem Enno in den Pachtvertrag eingestiegen war, 1976, verlieh er dem Betrieb ein neues Gesicht. Er gab die Milchkuhhaltung auf und schuf damit noch mehr Platz für Pferde. Seine große Leidenschaft, das Reiten, wurde in jener Zeit zu einer Freizeitbeschäftigung für viele Pferdeliebhaber. Das Pferd, das zwei Jahrzehnte früher als Arbeitstier von Maschinen abgelöst worden war, erlebte jetzt eine Renaissance als Reittier. Eigene Zucht und das Zureiten erfolgversprechender Jungtiere wurden zu einem wichtigen wirtschaftlichen Faktor des Hofes in Delingsdorf. Gleichzeitig war Enno damit in der glücklichen Lage, sein Hobby zum Beruf machen zu können. Nach und nach trafen immer mehr dieser edlen Vierbeiner auf dem Hof ein. Die Wochenenden dienten Enno mit der Teilnahme an Turnieren überall in Schleswig-Holstein dem reinen reiterlichen Vergnügen. Ebenfalls im Jahr 1976 ergriff er die Gelegenheit, sein bewirtschaftetes Land um das Doppelte zu vergrößern. Eine kleinere Fläche hatte er bereits von einem seiner Nachbarn gepachtet. Jetzt ergab es sich, noch einmal 45 Hektar von seinem Schwager hinzuzupachten. Seine älteste Schwester Dürten hatte vor einigen Jahren einen Landwirt aus der unmittelbaren Nachbarschaft geheiratet. Nun konnte Enno gemeinsam mit seinem Schwager, Claus-Hinrich Untiedt, 110 Hektar Land beackern.

Es gab noch jemanden, mit dem Enno sich die Arbeit, aber auch die knappe Freizeit teilte. 1970 heiratete er Lisa Leesch, eine Landwirtstochter aus Pölitz, einem Dorf nur unweit von Delingsdorf. Mit ihr teilte er zudem Erfolge und Misserfolge, Belastungen und Freuden, Sorgen und Erwartungen. Sie war es, die manchmal auch die Notbremse zog, wenn sich seine im Schnellzugtempo dahinrasenden Ideen zu verselbstständigen drohten. Enno war ihr schon während ihrer Schulzeit aufgefallen. Bei Treffen mit gemeinsamen Freunden hatte sie ihn gesehen oder gelegentlich hatten sie sich auf dem Schulweg in Bad Oldesloe getroffen. Er beeindruckte sie sofort. Seine grünen Augen als Kontrast zu dem tiefschwarzen Haar gefielen ihr ausnehmend gut. Zudem zogen seine schönen Hände ihre Blicke an. Das Bedauerliche war nur, dass er sie überhaupt nicht wahrzunehmen schien. Er übersah sie einfach. Sie fühlte sich klein und unbedeutend in seiner Gegenwart. Aber sie war eben noch ein Schulmädchen und er bereits in der Landwirtschaftsausbildung. Bei einem Weihnachtsball der Landjugend in Bargteheide gelang es ihr das erste Mal, ihn auf sich aufmerksam zu machen. Mit ihrem kurzen jungenhaften Haarschnitt und ihrem fröhlich strahlenden Gesicht mit den dunklen Augen hob sie sich deutlich von den anderen Mädchen ab. Sie war auch kein Schulmädchen mehr, sondern bereits in der kaufmännischen Ausbildung. Wenige Wochen nach diesem Ball der Landjugend waren beide schon ein Paar. Einige Monate später dachten sie über eine gemeinsame Zukunft nach. Noch bevor Enno und Lisa verheiratet waren, half sie am Wochenende auf dem Delingsdorfer Hof. Mit dem zukünftigen Schwiegervater zusammen tränkte sie die Kälber und beteiligte sich auch an allen anderen anfallenden Arbeiten auf dem Hof. Das alles war für Lisa nicht neu. Die Arbeit in der Landwirtschaft kannte sie bereits aus ihrem eigenen Elternhaus. Auch am Erdbeerverkauf zeigte sie reges Interesse und hatte viel Spaß dabei.

Der Erdbeeranbau, mit dem seine Eltern vor 20 Jahren als Versuch begonnen hatten, war für Enno längst ein altbekanntes Terrain. Schritt für Schritt weitete er die Anbaufläche für diese Früchte aus. Damit wuchs auch ein ganz neuer Betriebszweig aus dem Delingsdorfer Boden. Den Samen dafür hatte Günther Glantz gelegt. Eines Tages hatte er beim Besuch eines örtlichen Lebensmittelhändlers eine Tiefkühltruhe gesehen, die ganz und gar mit gefrorenen Erdbeeren gefüllt war. Das war etwas vollkommen Neues. Auf die Idee, Erdbeeren einzufrieren, wäre er allein überhaupt nicht gekommen. Voller Enthusiasmus kam er nach Hause, um Enno davon zu erzählen. Der war gerade im Pferdestall, um eines der Pferde für das tägliche Training vorzubereiten. „Enno, ich habe eine fantastische Idee, die muss ich dir unbedingt erklären.“ Enno ließ sich in seiner Arbeit nicht stören. Er kannte seinen Vater. Der war oft begeistert von neuen Ideen, aber übersah manchmal nicht deren Folgen. „Ich muss jetzt mit dem Pferd arbeiten“, sagte er ungeduldig, „von deiner Idee kannst du mir heute Abend erzählen.“ Auf Günthers Gesicht machte sich Enttäuschung breit. Wenn er von etwas begeistert war, musste er das sofort jemandem mitteilen. Enno merkte seinem Vater an, dass der jetzt nicht locker lassen würde, also führte er den braunen Wallach zurück in den Stall und setzte sich auf einen Strohballen. „Da bin ich ja mal gespannt, was das für eine Idee ist.“ – „Das wirst du gleich erfahren“, antwortete Günther und holte aus einer Einkaufstasche eine Tüte, die er Enno in die Hand drückte. Der zuckte zurück. „Was ist das denn, hast du Eis gekauft?“ – „Kein Eis, aber gefrorene Erdbeeren.“ – „Wieso kaufst du gefrorene Erdbeeren, wir haben doch wohl in der Saison genug Erdbeeren.“ Günther lachte. „In der Saison kann ich die Erdbeeren auch manchmal nicht mehr sehen. Aber in der kalten Jahreszeit esse ich gern mal frisches Obst. Deshalb habe ich heute im Supermarkt gefrorene Erdbeeren gekauft.“ – „Aha“, sagte Enno nur. Er konnte nicht verstehen, dass sein Vater etwas kaufte, von dem sie im Sommer selbst in Hülle und Fülle hatten. Günther öffnete die Tüte und drückte seinem Sohn eine der runden roten Kugeln in die Hand. „Die lassen wir jetzt auftauen. In der Zwischenzeit koche ich einen Pudding und dann können wir nachher ganz luxuriös Vanillepudding mit frischen Erdbeeren essen“, sagte er und blickte Enno dabei erwartungsvoll an. „Hast du schon mal im März Erdbeeren gegessen, die nicht eingeweckt waren?“ – „Nö“, antwortete Enno kurz und man merkte ihm an, dass sich seine Vorfreude darauf in Grenzen hielt. „Was ist denn nun eigentlich mit deiner Geschäftsidee, von der du mir erzählen wolltest?“ – „Na, das sind doch die gefrorenen Erdbeeren“, antwortete Günther. „Ich habe mir gedacht, wir können einen Teil unserer Ernte einfrieren und an Läden verkaufen, dann könnten wir die Spitzen in der Saison abbauen und hätten auch im Winter noch ein paar Einnahmen zusätzlich.“ – „Ach Vater, wie soll das denn funktionieren? Wir wissen doch gar nicht, wie man das bewerkstelligt mit dem Einfrieren. Du kommst aber auch immer auf verrückte Ideen.“ Günther war enttäuscht über die Ablehnung seines Sohnes, aber er ließ nicht locker. „Wie das funktioniert, weiß ich auch noch nicht, aber mir fällt da garantiert was ein. Außerdem muss ich sowieso mal durchrechnen, was es kosten würde, die Erdbeeren einzufrieren und zu verpacken, und ich werde erkunden, was man im Laden dafür bekommt.“ Enno tat diese Idee zunächst als unbrauchbar ab.

Aber irgendwie hatte sie es geschafft, sich in seinem Kopf einzunisten. Zwei Tage später sprach er seinen Vater daraufhin noch einmal an. Beide diskutierten über Vor- und Nachteile, rechneten und planten und einigten sich schließlich auf einen Versuch.

Schon in der darauf folgenden Saison war aus dieser Idee Wirklichkeit geworden. Ein Probelauf für die Frostung fand bei einem Bekannten statt, der in einer Großküche arbeitete. Hier wurden die Erdbeeren auf einem Backblech deponiert und dann durch die Tiefkühlung geschickt. Dieser erste Versuch verlief erfolgreich. Nun konnte man es mit größeren Mengen probieren. Zuerst wurden nur die Früchte eingefroren, die tagsüber nicht verkauft werden konnten. Später baute man eine gewisse Menge Erdbeeren ausschließlich zum Einfrieren an. Die Früchte wurden in die Markt- und Kühlhallen nach Hamburg-Hammerbrook gefahren, dort eingefroren und verpackt, um sie anschließend an die Lebensmittelgeschäfte der Umgebung zu verkaufen. Aus 14 Zentnern Erdbeeren machten Günther und Enno im ersten Jahr Eisfrüchte. Die Menge wuchs stetig, da sich auch die Anbaufläche fast jedes Jahr erweiterte. Nun hieß es tatsächlich, mit den Großen der Branche zu konkurrieren, denn die Tiefkühlerdbeeren wurden auch an Supermärkte verkauft. Notwendigerweise lief dabei nicht alles glatt. So manches Hindernis musste überwunden und etliche Fehler ausgebügelt werden, die dem Mangel an Erfahrung geschuldet waren. Bald stellte sich heraus, dass die Transportwege für die Tiefkühlfracht zu lang waren. Zuerst wurde deshalb in der Meierei in Trittau eingefroren. Das ging aber nur in der Nacht, denn tagsüber arbeiteten die Gefrieranlagen der Meierei für die betriebseigene Eisproduktion. Schließlich wurde beschlossen, eine eigene Gefrieranlage zu kaufen, um unabhängiger zu sein. Expansion war die Folge. Mit zusätzlichen Anbauverträgen für Erdbeeren in Dänemark wurden die Glantz' zum führenden Anbieter im Bereich von Haushaltspackungen gefrorener Erdbeeren bundesweit. Sie hatten das Wachstum jedoch nicht für sich allein gepachtet. Auch die Konkurrenz der großen Lebensmittelhersteller wuchs. Dank der familiären Strukturen gelang es den Glantz', noch einige Jahre diesem Druck standzuhalten. Mit der Konzentration des Lebensmitteleinzelhandels nahmen die Vermarktungschancen jedoch immer mehr ab. Nach insgesamt 11 Jahren gab Enno diesen Betriebszweig 1985 auf und konzentrierte sich voll und ganz auf die Selbstvermarktung.

Damit blieb auch eine Vermehrung der Verkaufsstände nicht aus. Jedes Jahr wuchs deren Anzahl um zwei oder drei. Dass sich damit wirtschaftlicher Erfolg erzielen ließ, war ein sehr angenehmer Effekt. Gleichzeitig faszinierten Enno die nicht immer berechenbaren Ergebnisse in Anbau und Ernte dieser Frucht. Im Gegensatz zum Getreide konnte man bei der Erdbeere nicht auf einen alten und weitgefächerten Erfahrungsschatz zurückgreifen. Die Sorte Senga Sengana war inzwischen durch andere Sorten ergänzt worden. Fruchtfolge, Bodenbeschaffenheit, Klima sowie die Krankheitsanfälligkeit und der Ertrag der einzelnen Erdbeersorten – mit all dem musste man experimentieren. Bisweilen erzielte man dabei erstaunliche Erfolge, gelegentlich konnte es passieren, dass man auch herbe Verluste hinnehmen musste. Der Anbau dieser Früchte stellte für Enno weitaus mehr als eine reine Erwerbsquelle dar. Mit dieser Kultur hatte sich auch sein Berufsbild gewandelt. Er war vom traditionellen Landwirt zum gleichzeitigen Kaufmann, Händler und Logistiker geworden. Gerade in der Ernte, wenn ein Heer von Saisonarbeitern zum Einsatz kam, erforderte es eine ausgefeilte Planung, deren Einsatz zu koordinieren. Gleichzeitig musste die Belieferung der mehr als 30 Verkaufsstände in und um Hamburg reibungslos funktionieren und der Einsatz von deren Verkaufskräften organisiert werden. Mehr Früchte bedeuteten gleichzeitig, dass auch die Vermarktung ausgeweitet werden musste. Zuerst ganz gemächlich, später zügiger, wie ein kleines Rinnsal, aus dem ein Bach geworden war, bahnten sich die Erdbeeren ihren Weg in die große Stadt Hamburg. Das heißt, Enno und Lisa sorgten dafür, dass sie ihren Weg dorthin fanden. Sie hatten schnell erkannt, dass sich hier ein enormes Verkaufspotenzial bot. Die ersten Versuche, die Früchte in Wohngebieten zu verkaufen, schlugen jedoch fehl. Oft saßen die Verkäufer am Abend noch auf der Hälfte der Erdbeeren. Dann wurden die Stände mit dem Namen Glantz vor Supermärkten und U- oder S-Bahnhöfen aufgebaut. Der Berner Bahnhof, Wandsbeck, Volksdorf und Saseler Markt waren die ersten Stationen. Damit wurde auch der Fuhrpark erweitert und der organisatorische Aufwand nahm zu. Zeit für die Pferde blieb Enno jetzt kaum noch. Zum Zureiten für die Jungpferde wurde ein Bereiter eingestellt. Ehrgeiz, Kraft und kaufmännisches Geschick von Enno tobten sich an der Vermarktung der Erdbeeren aus. Bald hatten diese auch die Innenstadt erobert. Zum Jungfernstieg und zum Stephansplatz, bis hinaus nach Harburg hatten die Erdbeeren bereits ihren Weg und ihre Abnehmer gefunden.

Auch Lisa Glantz vollbrachte dann logistische Meisterleistungen. In der Saison ging es mit einem Lehrling frühmorgens aufs Feld, um die Pflücker einzuteilen. Zeitweise fuhr sie dazu bis nach Pölitz, wo einige

Jahre lang Land von ihrem Vater zum Erdbeeranbau gepachtet worden war. Anschließend kutschierte sie Erdbeeren zu den Verkaufsständen nach Hamburg oder sprang für ausgefallene Verkaufskräfte ein. Die Buchhaltung des Betriebes gehörte zu ihren Aufgaben und die Versorgung der Lehrlinge und des Stammpersonals mit Mittagessen. Auch Günther und Ninchen unterstützten ihren Sohn und ihre Schwiegertochter auf dem Hof, so lange es ihre Kräfte zuließen. Zusätzlich kam Gustav Leesch, der Vater von Lisa, gern nach Delingsdorf, um sich nützlich zu machen.

Es gibt jedoch Situationen, in denen kann man sich nur auf sich selbst verlassen. Die eigene Geistesgegenwärtigkeit oder der Instinkt entscheiden dann über Sieg oder Verlust, Triumph oder Niederlage, manchmal auch über Leben und Tod. In solch einer Situation befand sich Enno eines Tages während der Ernte. Längst waren die deutschen Frauen als Pflückerinnen von türkischen und kurdischen Gastarbeiterfamilien abgelöst worden. Die zwischen diesen beiden Volksgruppen herrschenden Zwistigkeiten wurden teilweise auch auf den Erdbeerfeldern rund um Delingsdorf und Farmsen ausgetragen. Laut und temperamentvoll ging es dann zu und gelegentlich sah man dabei ein Messer in der Sonne blitzten. Arbeitsverweigerungen, um höhere Bezahlung zu erpressen, waren keine Seltenheit. Es ging bis zu wüsten Beschimpfungen des Aufsichtspersonals und des Arbeitgebers. Das waren Tage, die schwer auf Enno lasteten. Sein Magen drehte sich wie ein Karussell und die Beine schienen weder Muskeln noch Knochen zu besitzen. An einem dieser Tage bot ein relativ unbedeutender Anlass das Motiv für eine Arbeitsniederlegung. Eine der Gruppen wurde auf Grund schlechterer Arbeitsbedingungen geringfügig höher entlohnt als die andere. Schnell eskalierte der Streit zwischen den beiden rivalisierenden Pflückergruppen. Wenn es nicht gelang, den Streit zu schlichten, konnte das unangenehme Folgen nach sich ziehen. Enno schwang sich mit zwei Mitarbeitern seines Stammpersonals auf einen Trecker, um zwischen den Pflückern zu vermitteln. Schon von weitem sah er die wild gestikulierende Truppe. Als der Trecker stoppte, kamen einige der Männer mit wutentbranntem Blick und beunruhigendem Gebrüll auf das Fahrzeug zu. „Chef, du hast uns beschissen, du Schweinehund. Die haben hier viel mehr Geld als wir. Wir machen dich kaputt", dröhnte es Enno bedrohlich entgegen, als er vom Trecker sprang. Da sah er auch schon Messerklingen in verschiedenen Händen. Diese Männer schienen zu allem entschlossen. In Bruchteilen von Sekunden jagten die Gedanken durch seinen Kopf. Wie sollte er reagieren? Konnte man diese fieberhaft überreizte Meute noch mit Argumenten besänftigen? Waren das jetzt die letzten Minuten seines Lebens? Als sich nun ein dichter Kreis um ihn bildete, der keinen Raum mehr zum Ausweichen ließ, konnte er dem Blick der hasserfüllten Augen, die ihn lauernd anstarrten, nicht mehr standhalten. Er begann zu zittern und hörte wie durch einen Nebel, wie ihm entgegengeschleudert wurde: „Jetzt bist du dran, du Halsabschneider. Wir lassen dein Blut hier im Feld versickern, wenn du uns nicht mehr zahlst." Sie schlossen den Kreis noch enger um ihn. Sie warteten darauf, dass er irgendetwas erwiderte. Obwohl sich in diesem Moment eine endlose Leere in seinem Kopf ausbreitete, sagte ihm ein innerer Impuls, dass er nicht reagieren dürfe. Schon kam eine Klinge in bedrohliche Nähe seines Gesichtes. „Hast du schon mal ein Messer tanzen sehen?", fragte einer der Pflücker mit verächtlichem Ton in der Stimme und hässlich grinsendem Gesicht. Enno spürte, wie ihm der Schweiß die Achselhöhlen herunterrann. Gleichzeitig wurde sein Mund staubtrocken. Die Zunge klebte am Gaumen fest. Auch wenn er gewollt hätte, er konnte kein Wort herausbringen. In diesem Moment begann sein Gehirn wieder zu arbeiten. Wo waren die beiden Männer, mit denen er auf den Acker gekommen war? Vorsichtig blickte er sich um. Dann entdeckte er sie. Angstvoll saßen sie im Trecker und rührten sich nicht. Von dort konnte er also keine Hilfe erwarten. Er war ganz auf sich allein gestellt. Das verlieh ihm den Mut der Verzweiflung. Sein Körper entspannte sich und wurde plötzlich fast schwerelos. Alle Last fiel von ihm ab. „Wenn ihr meint, dass ihr mich abstechen müsst, dann tut das. Ich kann euch nicht daran hindern", kam es ganz ruhig aus seinem Mund. Es erschien ihm, als hätte jemand anderes diese Worte gesagt. Seine eigene Stimme war ihm völlig fremd. Plötzlich gelang es ihm, diesen Männern wieder in die Augen zu sehen. Da standen sie um ihn herum, in kaum einer Armlänge Abstand. Enno konnte geradezu spüren, wie sehr seine Reaktion sie verblüffte. Ihre Blicke waren jetzt nicht mehr die von wild entschlossenen Machos. Einige der Männer senkten fast schuldbewusst die Augen. Dann kam langsam Bewegung in den Kreis. Die Pflücker veränderten ihre bis dahin starre Haltung und traten auseinander. Jetzt entstand eine Lücke, der Weg zum Trecker wurde frei. Ennos Beine schienen aber auf diesem Stück Acker festgewachsen zu sein. Ewigkeiten vergingen, bevor er wieder ein Bein vor das andere setzen konnte. Mit bedächtigen, wie ferngesteuerten Bewegungen ging er die kurze Strecke bis zum Trecker. Er drehte sich nicht mehr um, kletterte hinauf und nahm auf dem Fahrersitz Platz. Als er den Gang einlegen wollte, um das Fahrzeug in Bewegung zu setzen, war plötzlich alle Kraft aus seinem

Arm gewichen. Einer der beiden Mitarbeiter nahm auf dem Fahrersitz Platz. Er fuhr den Trecker zurück zum Hof.

Die sofort nach der Rückkehr alarmierte Polizei traf bei ihrer Ankunft auf dem Erdbeerfeld niemanden mehr an. Für Enno wurde es die letzte Ernte, die er mit türkischen und kurdischen Pflückern bestritt. Immer mehr polnische Saisonarbeiter kamen ins Land, die von nun an die Ernte der Erdbeeren übernahmen.

Erste Blicke über den Zaun

Rund drei Jahrzehnte waren seit Enteignung und Flucht der Glantz' vergangen, als sich zum ersten Mal die Möglichkeit bot, das Land zu betreten, das ihnen einst soviel bedeutete und das noch immer fest in ihren Gedanken und ihrem Gefühl verankert war. 1973 trat der Grundlagenvertrag zwischen der BRD und der DDR in Kraft, der bereits im Dezember 1972 unterzeichnet worden war. Hierin erklärten die beiden deutschen Staaten die Bereitschaft, ihre Beziehungen zu normalisieren und praktische und humanitäre Fragen zu regeln. Daraus resultierte der sogenannte kleine Grenzverkehr. Anwohner aus grenznahen Gebieten der Bundesrepublik erhielten nach Beantragung eines Visums die Möglichkeit, zuerst für Tagesvisiten, später auch mehrere Tage, in grenznahe Kreise der DDR einzureisen.

In Günther und Ninchen löste das zugleich Euphorie und Bedenken aus. Endlich die Heimat wiedersehen zu können, dass dieser Traum nun erfüllt würde, konnten sie kaum fassen. Günther strahlte und wedelte mit den beiden Papierzetteln in seiner Hand. „Ninchen wir haben die Visa, wir können nach Hohen Wieschendorf fahren", rief er, völlig aus dem Häuschen, seiner Frau entgegen, die gerade Kartoffeln schälte. „Das ist ja toll. Dann lass uns so schnell wie möglich loskutschen." Sie legte das Schälmesser beiseite und sprang auf. Die Flamme der Begeisterung war sofort auf sie übergesprungen. Schon nahm das Gut in ihren Augen Gestalt an und sie sah sich mit Günther über den Hof spazieren. Aber dann setzte sie sich wieder. „Hast du dir schon mal überlegt, wie es dort jetzt aussieht?", fragte sie, denn die ersten Zweifel hatten sie erfasst. Günther wollte sich seine Vorfreude nicht verderben lassen. „Wie soll es dort schon aussehen. Vielleicht sind die Gebäude ein bisschen verlottert, aber sonst kann sich doch nicht soviel verändert haben", sagte er leichthin. Beide freuten sich auch auf das Wiedersehen mit zwei der ehemaligen Gutsarbeiterfamilien, mit denen sie schon länger in Kontakt standen. Diese waren schon lange in Rente und hatten die Möglichkeit genutzt, den Sohn ihres ehemaligen Arbeitgebers in Delingsdorf zu besuchen. Nun durften Günther und Ninchen zu ihrem ersten Gegenbesuch nach Mecklenburg aufbrechen. Schon am nächsten Tag machten sich die beiden auf den Weg in die alte Heimat.

Einige Zeit nach dem ersten Besuch seiner Eltern ging auch Enno auf Entdeckungstour in dieses Land. So vieles hatte er schon davon gehört. Er kannte es von Fotos, aber ein klares Bild konnte er sich nicht davon machen. Jetzt würde er endlich einen Eindruck davon bekommen. Die Erwartungen seinerseits hielten sich jedoch in Grenzen. Die idealistischen Vorstellungen aus der Jugendzeit waren längst dem nüchternen Blick des Erwachsenen gewichen. Aber natürlich erfüllte ihn eine große Neugier. Begleitet wurde er auf dieser Reise von Lisa und seinem Vater. In Hohen Wieschendorf angekommen, traf ihn ein Gefühl, dass er so noch nicht erlebt hatte. Eine tiefe Zufriedenheit durchströmte ihn, die für nichts anderes Platz ließ. Warmer Sonnenschein mit einem dünnen Lüftchen breitete sich über die Landschaft. Günther hatte ihn und Lisa auf die höchste Erhebung des Landes geführt, von wo aus sie einen herrlichen Rundblick hatten. „Das ist absolut unglaublich", kam Enno aus dem Staunen nicht mehr heraus, „diese Weitläufigkeit hier und diese herrliche Landschaft." Mehr konnte er nicht sagen. Ihm fehlten die Worte. Ein Blick auf Lisa machte ihm klar, dass auch sie absolut fasziniert war von diesem Land. Seine Augen folgten aufmerksam dem im sanften Wind wogenden Weizen, der kein Ende zu nehmen schien. Am Himmel drehte ein Bussard seine Runden. Dann die Sicht in die entgegengesetzte Richtung. Dort breitete sich die Ostsee mit Schaumkronen auf den winzigen Wellen aus. Schiffe oder Boote konnte er nirgendwo entdecken. Enno sah seinen Vater an. „Jetzt kann ich dich verstehen. Wenn man das alles hier mit eigenen Augen sieht, weiß man, wie schwer es für euch gewesen sein muss, von hier vertrieben worden zu sein." Günther war nicht in der Lage zu antworten. Mit voller Wucht traf ihn erneut die Ergriffenheit über die verlorene Heimat, jetzt, da er dies alles seinem Sohn und seiner Schwiegertochter zeigte. Er war jetzt 67 Jahre alt. Dass er den Besitz seiner Eltern, der einmal sein eigener sein sollte, nun doch noch wiedersehen würde, hätte er noch vor kurzem nicht zu träumen gewagt. Nun konnte er dieses wunderschöne Land, mit dem ihn so viele Erinnerungen verbanden, sogar seinen Kindern zeigen. Sehr intensiv nahm er dieses Glücksgefühl wahr, das ihn in diesem Moment erfüllte.

Ein herannahender Trecker der LPG riss die kleine Gruppe aus ihren Schwärmereien. Er sorgte mit seinem lauten Getucker dafür, dass sie wieder in der Realität ankamen. Auf dem staubigen Feldweg wanderten sie zurück zum LPG-Hof, der einst der Gutshof gewesen war. Hier stand auch das Gutshaus, dessen Vorderfront zum Hof zeigte. Das große und schöne Haus, von dem inzwischen die vordere Freitreppe entfernt worden war, machte einen unbewohnten Eindruck. Der Putz war teilweise abgebröckelt und auch die Fensterrahmen hatten lange keine frische Farbe mehr gesehen. Aber davon abgesehen hatte es sein Antlitz nicht verändert. Neben den Stallgebäuden, die einen etwas verwahrlosten Eindruck machten, lag es in einer Art konservierendem Schlaf. Günther, der bei seinem ersten Besuch hier nicht gewagt hatte, das Gutshaus zu betreten, wurde nun von Enno ermutigt, doch einmal einen Blick in das Innere des Hauses zu werfen. Die mit Spinnweben verhangene Eingangstür deutete darauf hin, dass diese lange nicht benutzt worden war. Bei ihrem Rundgang um das Haus entdeckten die drei am Seiteneingang einen Klingelknopf mit einem unleserlichen Namensschild daneben. „Wir können doch hier einfach mal klingeln", schlug Enno vor. Lisa und Günther zögerten noch. „Vielleicht stören wir", warf Lisa ein, „oder es ist niemand zu Hause." – „Wenn wir merken, dass man uns hier nicht haben will, dann können wir doch sofort wieder gehen." Wenn Enno sich einmal etwas in den Kopf gesetzt hatte, dann gab er so schnell nicht auf. Bevor ihn noch jemand zurückhalten konnte, war der runde Knopf schon gedrückt. Zuerst blieb alles still. Dann war aus dem Inneren des Hauses Klappen von Türen zu vernehmen. Schlurfende Schritte näherten sich dem Eingang. Ganz langsam, nahezu in Zeitlupe, öffnete sich die Tür. Eine kleine, zerbrechlich wirkende Frau, gekleidet in eine bunte Kittelschürze, stand vor ihnen. Sie mochte zwischen 60 und 70 Jahren sein. Mit unverhohlenem Staunen sah sie die drei Fremden an. Günther ergriff das Wort: „Guten Tag, mein Name ist Glantz und das sind meine Kinder. Ich habe hier früher mit meinen Eltern gewohnt. Mich würde es wirklich sehr interessieren, wie es jetzt hier im Haus aussieht. Dürften wir vielleicht mal reinschauen?" Die kleine Frau lächelte. „Ich habe schon gehört, dass es hier mal einen Gutsbesitzer Glantz gab. Sie sind also jetzt die Kinder aus dem Westen. Na, dann kommen sie mal rein. Aber viel zu sehen gibt es hier nicht, es steht alles leer." Zögerlich traten die drei Besucher ein. Günther wollte zuerst sein früheres Zimmer sehen. Sie stiegen die gewundene Treppe hinauf in das Obergeschoss. Aber der kleine Raum, in dem die Staubwolken tanzten, als sie eintraten, weckte in Günther kaum noch Erinnerungen. Dann gingen sie hinunter in die Gutsküche, wo die Mamsell mit strengem Regiment geherrscht hatte. Der alte Ausguss war noch vorhanden und auch der Herd stand unberührt an seiner Stelle. Hier wurden lebhafte Bilder in Günther wach. Wie oft hatten sie hier als Kinder neugierig in die Töpfe gespäht, um zu erfahren, was es zum Mittagessen geben würde. Dabei war es kein Vergnügen, wenn man von der Mamsell erwischt wurde. „Die Mamsell konnte gut kochen, aber sie war ein ziemlicher Dragoner. Mein Bruder Kurt und ich haben uns hier unten mal ein Stück Hefekuchen abgeschnitten, weil wir solchen Hunger hatten. Da hat sie uns gleich mit dem Kochlöffel auf die Finger gehauen, weil wir vorher nicht gefragt haben“, wurde nun eine seiner Erinnerungen wach. Lisa und Enno konnten sich das Lachen nicht verkneifen.

Ihr weiterer Rundgang führte sie dann in das frühere Büro von Paul Glantz. Günther brauchte eine Weile, bis er das klemmende Fenster geöffnet hatte. Mit einem Blick über den Hof stellte er fest: „Das war also die sogenannte Grölluke.“ Enno war überrascht. „Wieso Grölluke?“, fragte er. „Ich kannte diesen Ausdruck auch nicht, aber Hannes Rex hat mir davon erzählt, dass dieses Fenster unter den Gutsarbeitern so genannt wurde“, sagte Günther und klärte die beiden über die Bewandtnis, die es mit der Grölluke hatte, auf. Aus diesem Fenster hatte Paul Glantz nicht nur einen herrlichen Blick auf die Ostsee, sondern konnte ebenfalls jederzeit das Treiben auf dem Gutshof beobachten. Wenn das Getriebe, das den Hof in Gang hielt, reibungslos funktionierte und lückenlos ein Rädchen in das andere griff, setzte er beruhigt seine Schreibtischarbeit fort. Aber wehe, es war ein Körnchen in das Getriebe geraten. Das Körnchen bestand dann beispielweise aus einem der Gutsarbeiter, der eine der weiblichen Hausangestellten zu lange von der Arbeit abhielt. Wenn der Gutsherr dies durch sein Bürofenster sah, öffnete er es mit Schwung und ließ seine Baritonstimme einmal kurz über das Gelände schallen. Derjenige, der gemeint war, wusste dann sofort, was dies zu bedeuten hatte. Kurz darauf lief das Getriebe des Hofes wieder wie frisch geschmiert. Enno war erstaunt. „Stell dir mal vor, Vater, ich würde aus meinem Bürofenster über unseren Hof brüllen, das würde sich doch niemand gefallen lassen.“ Günther lächelte. „Weißt du, das waren doch auch ganz andere Zeiten damals. Dein Großvater war ein ziemlich strenger Mann, wenn irgendetwas nicht so lief, wie er es sich vorstellte. Andererseits war er auch sehr großzügig gegenüber den Gutsarbeitern. Er fühlte sich für alles und jeden verantwortlich.“

Inzwischen war auch die kleine Kittelschürzenfrau wieder bei ihnen aufgetaucht. Sie hatte die drei bei ihrem Rundgang durch das Haus allein gelassen, um Kaffee zu kochen. „Ich habe ja keinen Kuchen gebacken“, sagte sie entschuldigend, „aber ein paar Brote können Sie essen.“ Mit diesen Worten lud sie Günther, Lisa und Enno in ihre Wohnung ein. Günther war perplex, als sie die Tür öffnete. Dies war der Salon seiner Mutter. Sogar die alte gelbe Seidentapete bedeckte noch die Wände. Die jetzige Bewohnerin hatte ihren gesamten Hausstand in diesem einen Zimmer untergebracht. Es gab eine kleine Kochnische, einen Schlafplatz und eine Sitzecke. Freundlich bat die Frau sie, auf dem Sofa Platz zu nehmen. Sie selbst zog sich einen Küchenstuhl heran. Dann goss sie den frisch gebrühten Kaffee durch ein feinmaschiges Sieb in drei Steinguttassen. „Bitte greifen Sie zu“, sagte sie und deutete auf einen Teller, der mit Leberwurststullen überhäuft war. „Das ist Wurst aus der Hausschlachtung, die hat mir mein Sohn gebracht“, sagte sie mit Stolz in der Stimme. Nachdem die Kaffeekanne leer, der Umfang des Stullentellers aber nur unbedeutend kleiner geworden war, besichtigte man noch das frühere Esszimmer des Gutshauses, das sich über eine ganze Seite des Hauses ausdehnte. Wieder war Günther verblüfft. In dem sonst leeren und mit Spinnweben und Staub von Jahrzehnten überzogenen Haus, war dies – neben dem Salon seiner Mutter – der einzige Raum, der Leben innerhalb seiner Wände verriet. Bunte Papiergirlanden und Luftballons schwebten, von Reißzwecken gehalten, an der Decke. An den Wänden hingen Sperrholzplatten, die mit markigen Sprüchen beschriftet waren. Es ging dabei um den Sieg des Sozialismus und um den Kampf des freien Genossenschaftsbauern für eine erfolgreiche Ernte. Das unvermeidliche Bild des Generalsekretärs und Staatsratsvorsitzenden fehlte auch nicht. Dies alles gab dem morbiden Eindruck, den das Haus machte, eine groteske, fast schon absurde Note. Die kleine Frau bemerkte die Verwunderung in den Blicken ihrer Besucher. „Hier feiert die LPG immer ihre Feste“, erklärte sie. „Das ist alles noch vom ersten Mai übrig geblieben und wird wohl noch bis zum Erntefest hängen. Vielleicht auch bis zum Frauentag im nächsten Jahr“, fügte sie achselzuckend hinzu. Enno, Lisa und Günther sahen sich verwundert an. Es war doch eine fremde Welt, in die sie hier geraten waren. Mit dem einstigen Hohen Wieschendorf, wie er es kannte, hatte das hier nichts mehr zu tun, stellte Günther bedauernd fest. Die drei waren erleichtert, als sie das Haus wieder verlassen konnten, nachdem sie sich bei der kleinen Frau bedankt und sich von ihr verabschiedet hatten.

Für Enno blieb es nicht bei diesem einen Ausflug nach Hohen Wieschendorf. Neben privaten Gesprächen mit den ehemaligen Gutsarbeiterfamilien und dem Austausch über vergangene Zeiten interessierte ihn natürlich die Landwirtschaft in der DDR. Er war neugierig, wie das Wirtschaften in einer staatlich verordneten Genossenschaft funktionierte. Außerdem wollte er den Mann kennen lernen, der dieser Genossenschaft vorstand. Ein wenig Fachsimpelei unter Berufskollegen erhoffte er sich und vielleicht auch ein persönliches Näherkommen – nicht mehr und nicht weniger. Auf die Idee, dass sein rein persönliches Interesse nicht unbedingt auf Resonanz stoßen würde, wäre er überhaupt nicht gekommen. Unbefangen und voller Erwartungsfreude stand er vor dem Haus des LPG-Vorsitzenden. Nachdem Enno sich vorgestellt hatte und in wenigen Worten erklärte, worum es ihm ging, musste er jedoch feststellen, dass das Interesse nicht beiderseitig war. Kurz angebunden machte ihm der LPG-Vorsitzende klar, dass er keinerlei Wert auf eine Unterhaltung mit ihm legte. Dies war eine deutliche Abfuhr, die Enno erheblich überraschte. Nicht einmal Gründe dafür wurden ihm genannt. Mit aller Deutlichkeit wurde ihm bewusst, dass man sich fremd war. Ein wenig enttäuscht über das Misstrauen, das ihm von diesem Mann entgegenschlug, fuhr er zurück nach Delingsdorf.

Die erste Neugier auf die Heimat seiner Vorfahren war nun befriedigt. Enno hatte alles gesehen. Die Arbeit auf dem Hof in Delingsdorf nahm ihn ohnehin in Anspruch, so dass für anderes nicht viel Zeit blieb. Ein anderer Grund, der ihn von weiteren Reisen in die DDR abhielt und aus dem er auch seinen Eltern riet, ihre häufigen Besuche dort einzustellen, war eine gewisse Angst. Entfernte Verwandte hatten sich bei einer ihrer Fahrten nach Mecklenburg aus dem für sie vorgeschriebenen Gebiet entfernt. Bewusst oder unbewusst waren sie dabei in militärisches Sperrgebiet geraten. Dieser ungenehmigte Ausflug führte zur Inhaftierung des Paares. Erst nach zwei Jahren Gefängnisaufenthalt in der DDR wurden sie durch die Bundesregierung freigekauft. Dieses abschreckende Beispiel vor Augen, verzichteten die Glantz' auf weitere Besuche in der Heimat. Die Hoffnung auf eine Rückkehr, die Günther und Ninchen über all die Jahre immer noch gehegt hatten, erschien ihnen ohnehin völlig aussichtslos. Es gab zwei deutsche Staaten, deren politische Systeme vollkommen konträr zueinander standen und deren einzige Gemeinsamkeit die deutsche Sprache war.

3. Kapitel
Die Tore öffnen sich

Im vierzigsten Jahr der Trennung beider deutscher Staaten änderte sich plötzlich die Sprache. Die Bürger des einen Landes wollten nicht mehr dieselbe Sprache wie ihre Herren sprechen. Im Jahr 1989 wagten viele von ihnen, ihre ängstliche Lautlosigkeit aufzugeben. Zuerst nur hinter starken Kirchenmauern verborgen, später selbstbewusst auf den Straßen, wurden ihre Stimmen lauter, ihre Sprache deutlicher und fordernder. Sie wagten es nicht nur, ihre Stimmen zu erheben gegen ihre Herren, sie riskierten es auch, ihnen davonzulaufen. Die Botschaften des anderen deutschen Staates in Prag und in Budapest wurden zu ihren Rettungsinseln, denn noch war die Mauer zwischen den beiden deutschen Ländern unüberwindbar und tödlich. Ermutigt durch diese ersten Erfolge wurde die Sprache der Menschen noch lauter und eindringlicher. „Wir sind das Volk" avancierte zum Leitmotiv dieser neuen Sprache. Sie wuchs zu einem gewaltigen Crescendo. Am 9. November 1989 brachte die Kraft der neuen Sprache die Mauer, die so sicher und ewig schien, zum Einstürzen. Damit kam zum ersten Mal, seit der biblischen Legende der Posaunen von Jericho, ein Bollwerk ohne Gewalt, nur durch die Kraft von Stimmen, zum Einsturz.

In Delingsdorf verfolgten die Glantz' mit Spannung und Sympathie die Ereignisse, die sich ab dem Frühjahr 1989 in der DDR abspielten. Natürlich waren sie emotional viel tiefer mit diesem Land verbunden als andere Menschen ihres unmittelbaren Umfeldes. Aber sie blieben realistisch. Genauso wenig wie die meisten Bewohner aus Ost oder West ahnten sie auch nur im Geringsten, dass die Machthaber der DDR sich innerhalb so kurzer Zeit entthronen lassen würden. Als schließlich der Damm brach und sie im Fernsehen die Bilder von den auf der Berliner Mauer tanzenden Menschen verfolgten, stellte sich vor allem bei Günther Angst ein. Jetzt projizierten sich vor seinem inneren Auge noch einmal ganz deutlich die Erinnerungen an die eigenen Erlebnisse mit den kommunistischen Herrschern. Er erwartete jeden Augenblick, dass nun die Maschinengewehrsalven losbrechen würden. Aber alles blieb unerwartet ruhig. Als sich seine Angst schnell als unbegründet erwies, ergriff auch ihn, wie die gesamte Familie, eine unbändige Freude. In dieser Zeit keimte das allererste Pflänzchen der Hoffnung auf eine Rückkehr nach Mecklenburg auf. Es war jedoch ein ganz zartes Pflänzchen, dem man mindestens ein Wachstum von 10 bis 15 Jahren einräumte, bis es seine Wurzeln eventuell wieder in Hohen Wieschendorf eingraben könnte. Dass die Wiedervereinigung der beiden deutschen Staaten nicht einmal ein Jahr brauchen würde und damit eine Rückkehr in unmittelbarer Nähe lag, das war im ersten Freudentaumel des Mauerfalls unvorstellbar.

Ninchen war nun 73 Jahre und Günther hatte das achte Lebensjahrzehnt vollendet. Ihr neues Haus in Delingsdorf, das die beiden bewohnten, seit sie aus dem aktiven Arbeitsleben auf dem Hof ausgeschieden waren, wurde zum Anlaufpunkt für mehrere Hohen Wieschendorfer Familien. Die Kontakte waren über all die Jahre nicht abgerissen. Mit ihren Trabbis machten sich die Bewohner des kleinen Küstendorfes genau wie unzählige andere DDR-Bewohner auf den Weg, um endlich den Westen zu erkunden. In Günther und Ninchen, Lisa und Enno fanden sie großzügige Gastgeber. Auf der Rückfahrt in das Dorf an der Ostsee gab es kaum noch Platz in den Kofferräumen der Rennpappen, wie die Autos im Volksmund liebevoll genannt wurden. Dankbar nahmen die Hohen Wieschendorfer getragene Kleidung, Kosmetik oder Lebensmittel entgegen. Sie freuten sich über alles, was den konsumverwöhnten Bundesbürgern längst selbstverständlich geworden war.

Noch vor Ende des Jahres 1989 gingen auch Günther, Ninchen, Enno und Lisa auf ihren ersten Besuch nach Hohen Wieschendorf. Seit mehr als zehn Jahren waren sie nicht mehr dort gewesen. Mühsam erkämpften sie sich mit dem Auto ihren Weg durch den Strom nicht enden wollender Fahrzeugkolonnen, die die Grenzubergänge verstopften. Aber was war schon das bisschen Zeit, das sie im Stau verbrachten, gegen all die Jahre, die sie bisher auf eine Rückkehr gewartet hatten. Niemand war jetzt ungeduldig oder verärgert. Man sah überall nur freudige und erwartungsvolle Gesichter. Das ganze Land schien in eine gemeinschaftliche Euphorie verfallen zu sein. Sich vollkommen fremde Menschen gingen ohne Hemmungen aufeinander zu, beschenkten sich, luden sich gegenseitig zu Besuchen ein. Man bot Menschen, die man nie zuvor gesehen hatte, Quartier im eigenen Haus. Man war neugierig aufeinander, wollte die Lebensumstände kennen lernen, unter denen man auf der jeweils anderen

Seite gelebt hatte – so nah beieinander und doch unüberbrückbar getrennt. Ein völlig neues Kapitel in der deutschen Geschichte war angebrochen und die Menschen gestalteten es aktiv mit.

Neugierig waren die Glantz' auf alles, was sich seit ihrem schon so lange zurückliegenden letzten Besuch in Hohen Wieschendorf verändert hatte. Ganz langsam rollte ihr Auto auf der holprigen Kopfsteinpflasterstraße von Beckerwitz aus in das Dorf hinein. Nur ganz wenige neue Häuser konnten die vier entdecken. Das Dorfbild hatte sich seit ihrem letzten Aufenthalt hier kaum verändert. Schaulustige Blicke folgten dem komfortablen Westauto vom Straßenrand her. Am Ende des Ortes, kurz bevor ein Feldweg weiter an den Strand führte, ging es links von der Dorfstraße ab auf den LPG-Hof. Der erste Blick von Enno, der am Steuer saß, fiel geradeaus auf einen neu erbauten Schweinestall. Dieser hob sich mit seiner einheitsgrauen Betonfassade und seiner praktisch rechteckigen Architektur massiv von den alten roten Stallgebäuden aus Backstein ab. Auf der Freifläche vor diesem Stall parkte Enno das Auto. Sofort als die vier die Autotüren öffneten, vernahmen sie das laute Gequieke der Ferkel. Aus dem Inneren des Stalls schlug ihnen der intensive und durchdringende Geruch von Schweinemist entgegen. „Diesen tollen Duft habe ich ja schon ewig vermisst", scherzte Günther, der schon die sich breitmachende Enttäuschung auf den Gesichtern der anderen bemerkt hatte. Auch er selbst konnte es kaum fassen, was sich dort links vom Schweinestall getan hatte. „Was ist denn hier los?", rief Ninchen völlig erstaunt. „Das kann doch nicht sein, das ist ja schlimm." Auch Enno und Lisa waren überrascht über den Anblick, den das Gutshaus jetzt bot. Lisa kam nur ein Satz über die Lippen. „Ich kann es nicht fassen." Günthers bisher blasses Gesicht verfärbte sich zu einem dunklen Rotton. „Was ist bloß mit dem Gutshaus passiert, das erkennt man ja überhaupt nicht wieder", brachte er enttäuscht hervor. Die vier näherten sich dem Gebäude. Noch bei ihrem letzten Besuch in den Siebzigerjahren besaß das Haus, bis auf die fehlende Freitreppe, seinen ursprünglichen Charakter. Jetzt sah es völlig verändert aus. Alle Stuck- und Zierelemente an der Fassade waren mit einer unglaublichen Gedankenlosigkeit abgeschlagen worden. Langweilige rechteckige Kunststofffenster hatten die mit Rundbögen versehenen Sprossenfenster ersetzt. Der runde Turm mit seinem kupfernen Spitzdach, einst die Zierde des Hauses, war zwar noch vorhanden, aber das Dach fehlte. Ein glatter grauer Betonkasten stand vor ihnen, der stark an die in fast allen DDR-Dörfern üblichen Wohnblocks erinnerte. An der nüchternen Kunststoffeingangstür des Hauses prangte eine Holztafel. Dort stand in geschwungenen Buchstaben „Betriebsferienheim des VEB Klement-Gottwald-Werk Schwerin" zu lesen. „Hier machen die Leute also jetzt Urlaub", stellte Enno erstaunt fest. „Na dann erfüllt es ja jetzt wenigstens wieder einen Zweck und steht nicht mehr so leer und verlassen da wie bei unserem letzten Besuch", warf Günther halbwegs befriedigt ein. Dann wandte er sich an Lisa. „Kannst du dir vorstellen, dass es den Urlaubern hier gefällt?" Für Lisa, die ein besonderes Gespür für Ästhetik hatte und in Delingsdorf schon seit einigen Jahren den hofeigenen Weihnachtsmarkt dekorativ herrichtete, war dieser Anblick völlig unverständlich. „Ich kann es mir eigentlich nicht vorstellen, dass man so etwas als schön empfindet. Aber vielleicht wollen die Leute auch einfach nur an der Ostsee sein und alles andere ist ihnen egal." Für alle vier Besucher war der Anblick des früheren Gutshauses eine herbe Enttäuschung. Vor allem Günther litt darunter, das Haus, in dem er seine Kindheit und Jugend verbracht hatte, in solch einem Zustand vorzufinden. Ninchen wusste, dass sie Günther damit nicht trösten konnte, aber sie versuchte es zumindest: „Überleg doch mal, was bei uns in den Siebzigerjahren alles für Bausünden begangen worden sind. Wie viele alte Häuser wurden abgerissen und durch hässliche gesichtslose Neubauten ersetzt." Natürlich war das kein Trost für Günther, aber er stellte fest: „Ja, es sind wohl auf beiden Seiten die gleichen Fehler gemacht worden. Das ist eigenartig, obwohl es doch keinerlei Berührungspunkte gab." Enno versuchte jetzt abzulenken, er wollte auch den Rest des Hofes sehen. „Lasst uns mal rüber zu den Ställen gehen, ich bin gespannt, was uns da erwartet." Günther beruhigte sich nach und nach. So war nun einmal der Lauf der Dinge, man konnte die Vergangenheit nicht zurückholen.

Bei den Ställen wiederum war die Vergangenheit auferstanden. Die roten Backsteinmauern hielten nur noch mühsam die Dächer über sich, die windschief waren und auf denen Ziegel fehlten. Die Gebäude erweckten den Anschein, als wären hier Reparatur- oder Sanierungsarbeiten schon seit 1945 vermieden worden. Aus dem ehemaligen Kuhstall seines Vaters hörte Günther das Gebrumm von Kühen. Natürlich wollte er sich das Gebäude auch von innen ansehen. Seine drei Begleiter folgten ihm in den Stall. Fast nächtliche Dunkelheit umgab sie, als die Tür hinter ihnen zufiel. Ihre Augen mussten sich erst an die Lichtverhältnisse im Inneren gewöhnen, bevor sie etwas erkennen konnten. Die kleinen Stallfenster waren dicht mit Spinnweben verhangen, so dass kaum ein Lichtschein von außen hereindrang. Einige der Stützbalken waren schon zusammengebrochen, aber nicht erneuert worden. Es konnte nur eine Frage der Zeit sein, wann das Dach einstürzen würde. Im Stall standen etwa 100 Jungrinder. Überall nur Schmutz und Dunkelheit. Die Rinder wurden wie zu Zeiten des Gutsbetriebes aus Trögen getränkt. Automatische Tränkanlagen gab es nicht. Lisa konnte nicht glauben, unter welchen Bedingungen die Tiere hier gehalten wurden. Sie selbst hatte als junge Frau manchmal im Kuhstall mitgearbeitet, aber so etwas hatte sie noch nicht erlebt. Günther stellte fest: „Hier hat sich seit unserer Flucht überhaupt nichts verändert. Es sieht alles noch so aus wie bei meinem Vater. Kiek mal Enno, ik glöf dat sünd ok noch de Spenn von min' Vadder", fügte er mit einem Blick auf die mit Spinnweben verhangenen Fenster trocken an. Die vier sahen sich um und die Verwunderung über all das war deutlich aus ihrem Gesicht abzulesen. Ein junger Mann, der eine Schubkarre vor sich herschob, näherte sich ihnen von der anderen Seite des Stalles. Mit der Unbefangenheit und Gutmütigkeit eines mit geistigen Fähigkeiten nur mäßig Ausgestatteten plapperte er auch gleich munter auf die Besucher ein. „Tag, ihr wollt mich hier wohl besuchen? Das ist gut. Ich habe immer nur die Kühe um mich, die sagen ja nicht viel. Ich hab euch noch nicht gesehen. Wo kommt ihr her? Ich bin hier aus dem Dorf." – „Wir möchten uns gern mal die Ställe ansehen, wir kennen das hier nämlich alles noch von früher", unterbrach Enno den Redestrom des außergewöhnlich blassen jungen Mannes. „Mhm", kam es nun wieder von ihrem Gegenüber. Er überlegte einen Augenblick, dann setzte er seinen Monolog fort. „Ja früher … früher war ich auch schon hier und davor war ich im Schweinestall. Bei den Kühen ist es besser, das stinkt nicht so. Ich war auch schon mal in Wismar, das war schön. Da habe ich Schiffe gesehen, ganz große. Aber jetzt bin ich wieder bei den Kühen. Ich mache hier alles, füttern, ausmisten, tränken. Ich bin hier angebunden." Den letzten Satz sagte er mit einem gewissen Stolz in der Stimme. Er hatte ihn wohl irgendwo aufgeschnappt und verwendete ihn jetzt selbstsicher. Lisa erschien es, als sei er tatsächlich in diesem dunklen Stall angebunden. Sein kalkweißes Gesicht machte den Eindruck, als würde es nie das Tageslicht sehen. Für sie war dies alles sehr deprimierend und sie wollte so schnell wie möglich diesen düsteren Stall verlassen. „Lass uns gehen", sagte sie an Enno gewandt. Der konnte es nicht recht verstehen, dass sie so empfindlich war, aber er gab nach. „Na, dann wollen wir mal wieder los", verabschiedeten sich die vier, „und passen sie gut auf die Kühe auf." – „Das war schön, dass ihr mich besucht habt, ihr kommt doch bestimmt bald wieder", klang es ihnen beim Verlassen des Stalls hoffnungsvoll hinterher.

Mit diesem Abschiedsgruß prophezeite der Stallarbeiter, was die Glantz' selbst noch gar nicht wussten. Sicher hatten sie schon mit dem Gedanken an eine Rückkehr gespielt. Aber noch war alles ungewiss. Es war nicht vorauszusehen, wie sich die deutsch-deutsche Politik in Zukunft entwickeln würde. Eine Wiedervereinigung, wie sie dann in solch kurzer Zeit stattfand, konnten sie sich ganz und gar nicht vorstellen.

Vom Kuhstall waren es nur ein paar Schritte zu laufen bis zu dem neu erbauten Schweinestall, vor dem sie ihr Auto geparkt hatten. Gerade wollten die vier einsteigen, da kam ihnen aus dem Stall eine Frau mittleren Alters in einer grauen Latzhose und Gummistiefeln entgegen. „Guten Tag, ich arbeite hier im Schweinestall", stellte sich die Frau freundlich vor. In ihrem Gesicht spiegelte sich Interesse an den Besuchern. „Ich habe gesehen, dass sie schon eine Weile hier auf dem Betriebsgelände sind." – „Ja, wir wollten uns nur mal ein bisschen umsehen, wir kennen das hier alles von früher", sagte Ninchen. „Dann sind sie bestimmt die Familie Glantz", stellte die Frau folgerichtig fest. Die vier wunderten sich, woher sie wusste, wer sie waren. Als hätte die Stallarbeiterin ihre Frage schon vorausgeahnt, sagte sie: „Das ist hier nur ein kleines Dorf, wenn Fremde da sind, spricht sich das schnell herum." Als Fremde wurden sie also bezeichnet, dachte Günther, der sich hier nie als Fremder gefühlt hatte. Aber aus der Sicht dieser Frau war es verständlich, für sie war man fremd. „Ich nehme mal an, sie wollen jetzt ihren alten Besitz wieder zurückhaben", bemerkte die Frau unumwunden. Es klang wie eine Feststellung, nicht wie eine Frage. Wieder wurden die Glantz' direkt mit einem Gedanken konfrontiert, den sie sich selber noch gar nicht in allen Einzelheiten gestellt hatten und dessen Verwirklichung noch in weiter Ferne zu liegen schien. „Wir wissen noch gar nicht, wie die rechtlichen Bedingungen dafür in Zukunft aussehen werden", nahm Enno das Wort. „Nein, das weiß man nicht, aber ich kann sie gut verstehen, meine Familie musste fünfundvierzig auch flüchten. Wir sind aus Ostpreußen gekommen und meine Eltern haben immer sehr viel von ihrer Heimat erzählt." – „Ja, man hängt schon sehr an seiner Heimat", mischte sich nun Günther in das Gespräch. „Wir hätten nie geglaubt, hier mal wieder einen Fuß auf den Boden zu stellen. Ich bin leider schon zu alt, aber vielleicht baut mein Enno ja irgendwann alles wieder auf." Enno war das ein wenig peinlich, er befürchtete, die Frau verängstigt zu haben. „Wir haben nicht die Absicht, hier jemandem etwas wegzunehmen", warf er schnell ein. Aber der Stallarbeiterin schien das gleichgültig zu sein. „Wissen sie, es ist mir ziemlich egal, wer hier auf dem Hof das Sagen hat. Für mich ist nur wichtig, dass ich Arbeit habe", antwortete sie, ohne dass man ihr eine Gefühlsregung angemerkt hätte. „Ich muss jetzt wieder zu meinen Schweinen", verabschiedete sie sich kurz und pragmatisch. Dann ging sie zurück in den Stall.

Auf der Rückreise nach Delingsdorf wurde Enno von einer Minute auf die andere klar, dass ihn irgendetwas an diesem Ort Hohen Wieschendorf geradezu magisch anzog. Rational konnte er sich dies nicht erklären, denn die Gebäude, die sie gesehen hatten, wirkten alles andere als einladend auf ihn. Es war vielmehr ein umfassendes Gefühl, das ihn ergriff und ihm zu sagen schien – das war der Platz deiner Vorfahren, das ist auch dein Platz. Ein ähnlich starkes Gefühl hatte er schon in den Siebzigerjahren verspürt, als sie im Rahmen des kleinen Grenzverkehrs zu Besuch gekommen waren. Damals tat er es aber als Hirngespinnst ab, denn zu jener Zeit war es illusorisch, an eine Änderung der politischen Verhältnisse in der DDR zu denken. Jetzt aber, nach der Öffnung der Mauer, gab es zumindest einen Hoffnungsschimmer für eine Rückkehr. Wie er sein Gefühl in die Tat umsetzen wollte, darüber machte er sich noch keinerlei Gedanken. Aber den Entschluss zu einer Rückkehr hatte er bereits gefasst. Am Abend, wieder in Delingsdorf, wollte er zuerst mit Lisa über seine Emotionen und die daraus gewachsenen Pläne sprechen. Bei einem Glas Wein eröffnete er ihr seine Pläne. „Lisa, unsere Fahrt heute hat mich total überwältigt." Lisa lächelte. „Das habe ich schon auf der Rückfahrt gemerkt, du warst so ruhig, wie ich dich sonst überhaupt nicht kenne." – „Ich habe die ganze Zeit darüber nachgedacht, warum es mich so stark dort hinzieht. Das ist einfach unglaublich, es war so, als wäre ich schon immer dort gewesen, alles war mir ganz vertraut und irgendwie nah." – „Hast du denn nicht gesehen, wie furchtbar verkommen und marode es auf dem Hof war?" „Natürlich habe ich das gesehen, aber ich fand es gar nicht so abstoßend. Ich glaube, da kann man noch mal was draus machen." – „Du willst da was draus machen? Du weißt doch aber noch gar nicht, wie sich das alles in Zukunft entwickelt mit der DDR und ob überhaupt die Chance auf eine Rückkehr besteht." – „Nein, das weiß ich nicht, aber wenn Veränderungen in der DDR eintreten, dann bin ich auf jeden Fall dabei. Du würdest doch sicher auch mitkommen?", fragte Enno seine Frau. Aber eigentlich kannte er ihre Antwort schon. Sie hatte sich auf der Rückfahrt völlig begeistert über den Reiz geäußert, den der Ort und die Landschaft auf sie ausübten. „Ach, Enno, ich weiß doch, wie viel dir euer Familienbesitz bedeutet, selbstverständlich würde ich mitkommen. Aber warte erst mal ab, was noch alles passiert." Lisa nahm die nun leeren Gläser und brachte sie in die Küche.

Zur gleichen Zeit zog Günther sich die Jacke an. „Ich muss noch mal mit Enno sprechen", sagte er zu Ninchen. „Mach das, sonst kannst du heute Nacht sowieso nicht schlafen", antwortete seine Frau. Schon längst hatte Ninchen gemerkt, was in ihrem Mann vorging. Sie verstand sehr gut, was ihn bewegte. Das windige und kalte Novemberwetter an diesem Abend hielt Günther nicht davon ab, sich noch einmal auf den Weg von seinem Haus zu Enno auf den Hof zu begeben. Die Straßen von Delingsdorf lagen menschenleer im schummrigen Licht der Straßenlaternen. Es war, als sei der Ort schon in eine Art Winterschlaf verfallen. Im krassen Gegensatz dazu stand Günthers Gemütsverfassung. So aufgewühlt und lebendig wie heute hatte er sich schon ewig nicht mehr gefühlt. Er spürte weder die Kälte noch den Wind, der um die Hausecken pfiff. Auf dem Hof angelangt, sah er den Lichtschein, der aus dem Inneren des Hauses durch die Fenster fiel. Er hätte gleich zu seinen Kindern hineingehen können, aber irgendetwas hielt ihn davon ab. Er wollte seine Gedanken erst noch einmal sammeln, bevor er mit Enno und Lisa sprechen würde. Seine Augen wanderten über den Hof. Die Stallgebäude hoben sich schwarz gegen den dunklen Abendhimmel ab. Leises Schnauben der Pferde klang zu ihm herüber. Sonst war alles still, bis auf die Geräusche des Windes. So vieles hatte sich hier verändert, seit Enno vor 17 Jahren den Hof übernommen hatte. Aber die größten Veränderungen standen wohl noch bevor. Eine Tür, die im Haus klappte, riss Günther aus seinen Gedanken. Er trat an die Haustür und drückte mit aller Kraft den Klingelknopf. Lisa schrak durch das laute Geräusch zusammen. Es war schon nach neun Uhr, wer kam um diese Zeit noch zu Besuch? Schnell stellte sie die Weingläser aus der Hand und lief zur Haustür, um zu öffnen. „Ich muss unbedingt mit euch reden", sagte Günther, kaum dass die Tür offen war. „Komm rein, Vater. Wir haben gerade eine Flasche Wein getrunken und über Hohen Wieschendorf gesprochen." Über Günthers Gesicht ging ein Leuchten. „Deswegen bin ich auch gekommen." Lisa sah ihren Schwiegervater an. Er erschien ihr plötzlich so jung und kraftvoll, als sei er an diesem Tag mindestens zehn Jahre jünger geworden. „Möchtest du etwas trinken, Vater?" – „Nein, danke, Lisa, ich kann im Moment nicht trinken und auch nicht essen." Die letzten Worte hörte Lisa nur noch halblaut, Günther war schon im Wohnzimmer verschwunden. Enno stand vom Tisch auf, als sein Vater das Zimmer betrat. Der durchmaß mit langen Schritten den Raum. „Enno, was machen wir jetzt?“, fragte er seinen Sohn und sah ihn dabei herausfordernd an. Enno wusste längst, warum sein Vater gekommen war und was ihm auf dem Herzen lag. „Das ist doch wohl ganz klar, was wir machen, Vater.“ Zwischen den beiden Männern herrschte eine unausgesprochene Übereinkunft. Eigentlich bestand schon bei ihrem heutigen Besuch in Hohen Wieschendorf bei keinem von ihnen ein Zweifel darüber, dass sic alles versuchen würden, zurückzukehren. Nur in Worte hatten sie dies noch nicht gefasst, viel zu sehr war jeder von ihnen in seinen Emotionen gefangen.

Aufbruchsstimmung

In der Folgezeit überschlugen sich die Ereignisse. In kurzen Abständen traten wechselnde Darsteller auf die politische Bühne der DDR. Alte Wölfe in umgehängten Schafspelzen versprachen Reformen im Märchenland des Sozialismus. Glauben wollte diesen Märchen niemand mehr so recht. Die Menschen hatten lange genug schöne Geschichten anhören müssen. Wieder einmal ergriffen sie selber das Wort. Aus dem Leitmotiv des Herbstes 1989 war nur ein Wort geändert worden, aber dieses eine Wort drückte den Willen der Mehrheit des östlichen Landes aus. „Wir sind das Volk“ hatte sich in „Wir sind ein Volk“ verwandelt und stand für den Wunsch nach Wiedervereinigung beider deutscher Staaten. Die einen träumten dabei vom Schlaraffenland, in dem sie dann lebten, weil ihre westlichen Brüder und Schwestern schon für sie sorgen würden. Die anderen zogen wie Lemminge in Richtung Westen, weil sie dem ungewohnten Frieden und der Utopie von einem zukünftig einheitlichen deutschen Staat nicht trauten. Aus der entgegengesetzten Richtung kamen neue Wölfe. Glücksritter und Hasardeure witterten die einmalige Chance, in dem nahezu gesetzlosen Land ihre nimmersatten Bäuche zu stopfen. Der spektakuläre Wechselkurs zwischen den Währungen beider Länder verstärkte noch deren Appetit auf möglichst fette Stücke des Kuchens im Osten. All dies richtete hohen wirtschaftlichen Schaden an. Für die Herren beider Länder war deshalb Eile geboten, dieses folgenschwere Treiben zu beenden. Dafür gab es nur eine Lösung. Die beiden deutschen Länder brauchten ein einheitliches politisches und wirtschaftliches System mit Gesetzen, die für alle galten. Zuerst wurde ein Tag vereinbart, an dem die Währungen beider Länder einheitlich sein würden, um die Wirtschaft nicht vollends zu ruinieren. Den zweiten Termin setzte man für den 3. Oktober 1990 fest. An diesem Tag sollte aus beiden Ländern eines werden. Jedoch zuvor hatte man mit den anderen Herren verhandelt, den Schachspielern, die vor 45 Jahren das Land unter sich aufgeteilt hatten. Diese Verhandlungen und die nachfolgenden Verträge blieben auch für die Glantz’ nicht ohne Folgen. Wieder einmal stellte sich heraus, dass sie dem Spiel der Mächtigen rückhaltlos ausgesetzt waren. Als Enteignete der damaligen sowjetischen Besatzungszone von 1945–1949 wurden sie mit anderem Maß gemessen als die nach 1949 in der DDR Enteigneten. Während die später Enteigneten entschädigt wurden, indem sie ihren früheren Besitz zurückerhielten, mussten die von der sowjetischen Besatzungsmacht enteigneten Landbesitzer ihren Grund und Boden nun ein zweites Mal kaufen.

Aber all das spielte in dieser enthusiastischen Aufbruchszeit um die deutsche Wiedervereinigung noch keine Rolle. Die Zeichen für eine Rückkehr beziehungsweise einen Neuanfang von Enno und Lisa standen gut. Seit der Währungsunion der noch getrennten beiden deutschen Staaten war die Zeit des erzwungenen wirtschaftlichen Abwartens vorüber. Für Enno begann nun ein Marathonlauf durch die bürokratischen Strukturen der Noch-DDR. Hilfreich waren ihm dabei die Kontakte zu den Menschen in Hohen Wieschendorf, die über all die Jahre Bestand hatten. So erfuhr er schnell und unkompliziert Adressen und Ansprechpartner von Behörden, an die er sich wegen seiner Pläne wenden musste. Sein Vater wurde dabei zu einer wertvollen moralischen Unterstützung. Wenn die beiden zusammen die Behördenbüros betraten, hielt Günther sich jedoch zurück. Seine Antwort, wenn man das Wort an ihn richtete, lautete: „Ich bin nur als Zeitzeuge hier, die Entscheidungen trifft mein Sohn." Aber es bereitete ihm unglaubliche Freude, hautnah mitzuerleben, wie sich ein Mosaiksteinchen zu dem anderen fügte und es Steinchen für Steinchen voranging auf dem Weg zu einem neuen Bild von Hohen Wieschendorf. Dieses Puzzlespiel der beiden setzte sich nach der Wiedervereinigung durch die Instanzen der Bundesrepublik fort. Es kostete Enno und Günther zwischenzeitlich immer wieder ungewollte Pausen und auch Umwege, weil auf den Behörden das Personal häufig wechselte. Kaum hatte jemand begonnen, die Anträge zu bearbeiten, landeten die Akten auf einem anderen Schreibtisch und das Prozedere begann von neuem. Entmutigen ließ Enno sich dadurch nicht, obwohl ihn die ständigen Verzögerungen viel Zeit und Kraft kosteten. Auch aus seinem Bekanntenkreis erfuhr er nicht sehr viel Verständnis. Kopfschüttelnde Bemerkungen wie: „Was willst du denn mit dem Schrotthaufen da drüben?" oder „Da kannst du dein Geld gleich im Ofen verbrennen", bekam er zu hören. Es war nicht böse gemeint, sollte ihn nur davor warnen, unüberlegte finanzielle Risiken einzugehen. Aber Enno hatte seine Entscheidung längst getroffen. Jetzt konnte ihn nichts mehr aufhalten. Er fühlte eine Verpflichtung, aber auch einen sehr starken Wunsch, wenigstens einen Teil des Familieneigentums, nämlich das Gut Hohen Wieschendorf, zurückzuerlangen. Nach anfänglichen Überlegungen, auch um eine Rückgabe des Gutes Datzow zu kämpfen, gab er diese Pläne wieder auf. Der organisatorische Aufwand, drei Betriebe zu leiten, hätte seine Kraft überfordert. Zum Rückkauf eines zweiten Betriebes reichten überdies seine finanziellen Möglichkeiten nicht aus.

Was einerseits den Reiz von Hohen Wieschendorf ausmachte, die fantastische Lage auf der Halbinsel in der Ostsee, bedeutete gleichzeitig einen großen Nachteil für Enno. Spekulanten aus Richtung Westen fielen gleich nach der Grenzöffnung ins Dorf ein. Hier planten sie die großen Geschäfte. Auf dem Papier wurden schon Hotels und andere touristische Traumgebilde gebaut. Den Hohen Wieschendorfer Eigentümern, die noch Land aus der Bodenreform besaßen, verdrehten sie mit utopischen Summen, die sie ihnen dafür zahlen würden, die Köpfe. Der Umgang mit dieser Art von Geschäftemachern war den Menschen hier fremd. Manch einer ließ sich von großen Autos und dem Imponiergehabe von deren Fahrern blenden. Reden konnten diese Wichtigtuer, dass einem schwindlig wurde. Nach deren ausschweifenden Vorträgen würde in Hohen Wieschendorf bald das Paradies auf Erden herrschen. Glücklicherweise verschwanden viele dieser Maulhelden genauso schnell, wie sie gekommen waren. Heiße Luft war alles, was sie hinterließen. Es gab jedoch einen ernsthaften Konkurrenten für Enno. Ein Golfplatzbetreiber hatte sich schon dieses wunderschöne Fleckchen Erde auserkoren, um hier seine touristischen Ziele mit der gerade in Mode gekommenen und gewinnbringenden Sportart zu verwirklichen. Er verstand es, mit welchen Methoden auch immer, einige der Dorfbewohner für seine Ziele zu gewinnen. Golf – das klang ja schon nach Eleganz und Exklusivität. Dieser Sport und ein schickes Hotel würden Aufschwung bringen für den Ort, so dachten jedenfalls einige der Ansässigen. Was war dagegen Landwirtschaft, die Enno betreiben wollte? Die kannte man in Hohen Wieschendorf ja nun schon lange genug. Wie dem auch sei, es gelang diesem Mann der runden weißen Bälle, mit seiner Strategie 90 Hektar des ehemaligen Gutsgeländes vorläufig zu pachten, um einen Golfplatz zu errichten. Er hatte schon Verträge mit dem Bürgermeister der Gemeinde abgeschlossen, zu deren Abschluss dieser gar nicht berechtigt war. Diese Verträge hätten nur mit der Treuhandanstalt als Privatisierungsbehörde des ehemaligen DDR-Volkseigentums abgeschlossen werden dürfen. Ein kurze Zeit später verabschiedetes sogenanntes Investitionsvorranggesetz versetzte die Gemeinde nachträglich in die Lage, selbst Verträge mit Investoren zu schließen. So gelang es dem Golfmann, dem Landwirt einen

Schritt vorauszueilen. Er hatte auf Risiko gespielt und gewonnen. Für Enno, der die langen Wege durch alle Instanzen ging und keine Vorschriften verletzte, bedeutete dies eine herbe Enttäuschung. Auf diese Art und Weise war er der Langsamere im Wettlauf um das Land. So konnte er es nicht verhindern, dass eines der Filetstücke des ehemaligen Gutsgeländes, direkt am Strand gelegen, in andere Hände ging.

Überall hatte Enno seine Konzepte und Investitionspläne für einen Landwirtschaftsbetrieb mit der Spezialisierung auf Erdbeeranbau vorgelegt. Der Rat des Kreises und die spätere Kreisverwaltung in Wismar willigten ein. Die Treuhandanstalt in Berlin gäbe grünes Licht, wenn Enno die Zustimmung der Mitglieder der noch bestehenden LPG für sein Konzept erhielte. So wurde also die letzte, aber wichtigste Hürde, die er zu nehmen hatte, die Vollversammlung der aus rund 80 Mitgliedern bestehenden LPG. Wie hatte er diesem Tag entgegengefiebert. Gleichzeitig packte ihn eine große Unruhe. Was wäre, wenn die Mitglieder nicht zustimmen würden, dass ein Teil der aus rund 6000 Hektar bestehenden Genossenschaft herausgelöst würde? Dann wären alle die monatelangen Bemühungen, die er bisher unternommen hatte, vergeblich. Alle seine Träume würden davonfliegen wie Blütenpollen im Wind. Der Tag der Vollversammlung kam heran. Enno stellte sein sorgfältig ausgearbeitetes Konzept mit viel Enthusiasmus vor. Er würde Arbeitsplätze schaffen und er würde die Hofanlage sanieren lassen. Seine Pläne waren nicht so imposant und glänzend wie die anderer Investoren. Er versprach auch keine Luftschlösser. Alles, was er anbot, war solide geplant und finanzierbar. Würde es ihm damit gelingen, die LPG-Mitglieder zu gewinnen? Als über sein Konzept abgestimmt werden sollte, musste Enno den Raum verlassen. Er wartete vor dem großen Saal und ging unruhig auf und ab. Die Zeit schien dahinzukriechen. Hin und wieder vernahm er ein Gemurmel hinter der Tür, das von einem lauten Zwischenruf durchbrochen wurde. Verstehen konnte er allerdings nichts. Nach langem Warten war es endlich soweit, man rief ihn herein. Das Abstimmungsergebnis wurde bekannt gegeben. Es fiel mit beträchtlicher Mehrheit für Ennos Betriebskonzept aus. Ihm rutschte eine zentnerschwere Last von der Seele. Jetzt konnte es also endlich losgehen. Aber dennoch musste er einen weiteren Wermutstropfen hinnehmen. Das ehemalige Gutshaus befand sich noch im Besitz des Schweriner Betriebes. Dieser stimmte Ennos Rückkaufplänen vorerst nicht zu. Das konnte Ennos Elan zwar kurzzeitig bremsen, nicht aber aufhalten.

Der 24. April 1991 wurde zum Höhepunkt im Leben aller Glantz'. Das Gut war nun, nach vielen Anstrengungen und bürokratischen Hürden, die genommen wurden, wieder Eigentum der Familie. Das Hofgelände konnte sofort gekauft werden, um mit den Bauarbeiten beginnen zu können. Die dazugehörigen Flächen wurden zunächst nur von der Treuhandanstalt gepachtet, es bestand jedoch die Option auf einen späteren Kauf. Für Enno und mehr noch für seinen Vater war dies ein Erlebnis, das von tiefgreifender Emotionalität geprägt war. Günther Glantz verstand es als eine späte Wiedergutmachung für erlittenes Unrecht durch die Enteignung. Aber die Rehabilitierung, die er sich von politischer Seite von der Stigmatisierung als Kriegsverbrecher erhofft hatte, blieb aus. Das verletzte ihn sehr. Dennoch war Enno dankbar, dass sein Vater diesen besonderen Tag noch erlebte. Günther Glantz nahm auch noch Anteil an der Wiederaufbauphase von Hohen Wieschendorf. Überglücklich verfolgte er jeden einzelnen Schritt der Sanierungs- und Bauarbeiten. Er starb knapp drei Jahre nach dem Rückkauf des Gutes, am 23. Februar 1994, in Delingsdorf.

Für Enno und Lisa begann ab 1991 ein außerordentlich turbulenter und von viel Arbeit geprägter, aber gleichzeitig ein überaus befriedigender Lebensabschnitt. Der Wiederaufbau in Hohen Wieschendorf ließ ihnen kaum Zeit zum Luftholen. Daneben war der Betrieb in Delingsdorf zu organisieren, der zur gleichen Zeit einen Wachstumsschub bekam. Schon 1989 hatte Enno dort eine neue Marketingstrategie eingeführt, die sich jetzt in einem erhöhten Umsatz auszahlte und dazu beitrug, das noch nicht überschaubare finanzielle Risiko in Hohen Wieschendorf mitzutragen. Einen Teil dieser Strategie hatte er zusammen mit seinem Berufskollegen Karl-Heinz Dahl entwickelt, der ebenso wie Enno Glantz den Erdbeeranbau und die Direktvermarktung dieser Früchte betrieb. Eine langjährige Freundschaft verband die Männer, die schon in die Zeit zurückreichte, als ihre Väter den Testanbau der Senga Sengana für Prof. Sengbusch übernommen hatten. Überdies verband beide Familien ein gleiches Schicksal. Auch die Dahls stammten aus Mecklenburg und waren von ihrem Hof in Rövershagen zwischen Rostock und Ribnitz-Damgarten enteignet worden. Beide Familien wagten ohne jeglichen finanziellen Hintergrund den landwirtschaftlichen Neuanfang in Schleswig-Holstein und beide hatten sich die Erdbeere als hauptsächliches Anbauprodukt auserkoren. Zwischen den Unternehmern bestand die ehrliche Übereinkunft, sich gegenseitig keine Konkurrenz zu machen, sondern eng und vertrauensvoll zusammenzuarbeiten. In dieser Zusammenarbeit entwickelten Enno Glantz und Karl-Heinz Dahl 1989 einen Verkaufsstand, der sofort alle Blicke auf sich zog. Eine überdimensionale knallrote Erdbeere, aus der heraus die Früchte verkauft werden sollten, hatten sich die Freunde als Marketingstrategie ausgedacht und urheberrechtlich schützen lassen. Diese witzigen und Aufsehen erregenden Riesenerdbeeren dienten ihnen von nun an als Verkaufsstände. Ebenso wie Enno Glantz kehrte auch Karl-Heinz Dahl nach dem Ende der DDR an seinen Heimatort in Mecklenburg zurück. Gemeinsam mit seinen beiden Kindern engagierte er sich seither auf landwirtschaftlichem und touristischem Gebiet. Mit „Karls Erdbeerhof" in Rövershagen hatte die Familie ein Generationenprojekt etabliert, das von Jahr zu Jahr wuchs und an Bekanntheit weit über die Region hinaus gewann.

Lisa und Enno nahmen regen Anteil am Aufbau und der Entwicklung dieses Unternehmens. Sie freuten sich über den Enthusiasmus und die Kreativität, mit der die inzwischen erwachsenen Kinder der Dahls an die Arbeit gingen. Dabei wurde ihnen deutlich bewusst, dass sie selbst nicht mehr mit Nachwuchs rechnen konnten, der einmal ihr Werk übernehmen würde. Kinder, an denen es in allen vorangegangenen Generationen bei den Glantz' nie gemangelt hat, fehlten leider in Lisas und Ennos Leben. Ihr gastfreundliches und offenes Haus in Delingsdorf zog immer kleine Besucher aus der Verwandtschaft und Nachbarschaft an, auch die Lehrlinge, die während ihrer Ausbildung von Lisa versorgt wurden, fühlten sich sehr wohl in der Familie. Nur eigene Kinder, auf die sie lange gehofft hatten, blieben aus. Das empfanden beide bedauerlich und unbefriedigend – akzeptierten es aber. Die Arbeit im ständig wachsenden Unternehmen in Delingsdorf und die nun zusätzlichen Aufgaben bei der Neugestaltung von Hohen Wieschendorf ließ ihnen ohnehin keine Zeit, sich die Köpfe darüber zu zerbrechen.

Enthusiastisch machten sie sich an die Arbeit. Die Felder konnten jetzt neu bestellt werden und Bauarbeiten auf dem Hof wurden in Angriff genommen. Frühere Mitarbeiter aus der LPG wurden eingestellt und Leute aus dem Dorf beschäftigt. Es erfüllte jedoch nicht alle Dorfbewohner mit Freude, dass sich nun wieder ein „Gutsherr" hier niederlassen wollte. Auf dem Gelände des Hofes befand sich auch ein Wohnhaus, in dem mehrere Familien lebten. Einer der Bewohner dieses Hauses erlebte nun täglich mit, was sich alles vor seiner Haustür veränderte. Aber er konnte sich mit dem, was jetzt auf dem Gut vorging, nicht abfinden. Für ihn war mit dem Ende der DDR auch sein Weltbild zusammengebrochen. Alles, was ihm einst wichtig war und was ihn mit Stolz erfüllte, war nun nichts mehr wert. Es konnte doch nicht sein, dass jetzt plötzlich diese Leute aus dem Westen kamen und alles vernichteten, wofür man einst gelebt hatte. Seine Abneigung gegen all das Ungewohnte projizierte er auf den neuen Besitzer des Gutes. Diese ablehnenden Gefühle ihm gegenüber blieben Enno nicht verborgen. Im Prinzip hätte er sich nicht darum kümmern brauchen, denn was ging ihn jener Mann an? Aber Enno mochte keine Missstimmungen zwischen sich und den Menschen seiner unmittelbaren Umgebung. Als dieser Mann ihm wieder einmal mit gesenktem Kopf und mürrischem Gesichtsausdruck begegnete, sprach er ihn ohne Bedenken darauf an. „Ich merke schon seit längerem, dass sie nicht recht zufrieden sind hier auf dem Gut. Sie gehen mir absichtlich aus dem Weg. Gibt es irgendetwas, das sie stört?“ Der Mann schaute beiseite, so als suche er Antwort irgendwo weit draußen in der Ferne. Enno ließ nicht locker: „Mich interessiert es, was um mich herum passiert. Es wäre schön, wenn sie mir sagen würden, wenn ich etwas falsch gemacht habe.“ Der Mann blickte Enno erstaunt an. Er hatte nicht damit gerechnet, so offen gefragt zu werden. Nach einer weiteren Pause brach endlich hervor, was sich bei diesem Hohen Wieschendorfer schon so lange angestaut hatte. „Früher gehörte das alles uns. Wir konnten überall rumlaufen und uns überall aufhalten. Niemand hat gesagt, das ist mein Eigentum, hier musst du verschwinden. Ich verstehe nicht, warum das jetzt plötzlich alles vorbei sein soll.“ Nun war es an Enno, erstaunt zu sein. „Aber ich habe es ihnen doch nie verboten, hier auf dem Gelände zu sein, Sie wohnen doch hier und können sich doch auch hier aufhalten.“ – „Aber es ist nicht mehr so wie früher“, kam es nun fast weinerlich von diesem Mann. Im ersten Moment wusste Enno nicht, was er dazu sagen sollte. Dann fiel ihm ein, dass der Mann den Gutspark meinte. Dort hatte sich im Laufe der Jahre eine für die DDR so typische Gewohnheit herausgebildet. Wenn man einen geeigneten Platz fand, baute man eine Garage oder einen Schuppen oder einen kleinen Stall für die private Tierhaltung. Wenn man erst das Baumaterial irgendwo ergattert hatte, spielte das Grundstück keine Rolle mehr. Auch auf dem Gutsgelände war diese Baukunst zur Blüte getrieben worden. Mehrere vereinzelte Kleingebäude hatten sich dort im Laufe der Jahre verwurzelt. Diese Gebäude störten natürlich bei der Arbeit auf dem Hof und passten auch nicht in das neue Gesamtbild des Gutes. Enno bat um das Verständnis der Besitzer für den Abriss der Gebäude. Diese ließen sich auch ohne größere Probleme auf Ennos Vorschläge ein, denn er feilschte nicht um Kaufsummen. Durch die

Beseitigung dieser Gebäude hatte der Hof natürlich ein ganz anderes Gesicht bekommen. Der Bewohner des Hofes erlebte dies so, als hätte er damit ein Stück seiner gewohnten Heimat verloren. Das war es also, was diesen Mann bedrückte. Enno suchte nach Worten. Ob das, was er jetzt sagen würde, den Mann erreichte, wusste er nicht, aber er wollte es wenigstens versuchen. „Sehen sie mal, ich habe das Hofgelände gekauft, um hier investieren zu können. Das funktioniert nicht anders. Das ist jetzt mein Eigentum, aber ich habe trotzdem nichts dagegen, wenn sie hier durch den Park gehen." – „Es ist hier aber alles nicht mehr so wie früher. Ich fühle mich jetzt fremd in Hohen Wieschendorf", beharrte der Mann, dessen trübsinnige Stimmung während des Gesprächs noch stärker wurde. Enno hatte Verständnis für dessen Gefühle, war aber nicht in der Lage, ihm zu helfen. Er wusste gleichzeitig, dass er zu diesem Mann nicht durchdringen konnte, zu sehr war dieser in den gewohnten Verhältnissen gefangen. Vierzig Jahre Leben unter DDR-Bedingungen hatten ihm das Gefühl für privates Eigentum genommen. Kurze Zeit später verließ dieser Mann das Dorf.

Dieses Ereignis verdeutlichte eine Erscheinung, die zu Beginn der Neunzigerjahre aufkam. Die ersten Misstöne in der Verständigung zwischen den Menschen aus Ost und West klangen nun an. Wie schnell war die anfängliche Euphorie über die endlich geglückte Wiedervereinigung vergessen. Nun, da man sich näher kennen lernte, stellte man fest, dass man in vielen Dingen konsequent anders dachte und handelte. Die beiden völlig verschiedenen politischen Systeme hatten die Menschen unterschiedlich geprägt. Einige der im Osten Aufgewachsenen fühlten sich als Verlierer. Sie meinten, nun alles hinnehmen zu müssen, was ihnen aus dem Westen diktiert wurde. Werte, die sie über mehrere Jahrzehnte verinnerlicht hatten, waren plötzlich null und nichtig geworden. Innerhalb kürzester Zeit veränderten sich ihre Lebensumstände radikal. Nicht jeder konnte mit der neu gewonnenen Freiheit umgehen. Für die „Ellenbogengesellschaft", die nun Einzug hielt, war man nicht gerüstet. Die Folge waren Resignation und eine nachträgliche einseitige Verklärung der DDR bei diesen Menschen. Dieses Verhalten einer bestimmten Bevölkerungsschicht im Osten wurde im Westen schnell verabsolutiert. Der Begriff „Jammerossi" hielt Einzug in den allgemeinen Sprachgebrauch. Im Gegenzug tauchte das Sinnbild vom „Besserwessi" auf. Es war ebenfalls eine Verallgemeinerung der Verhaltensweise Einzelner. Geprägt wurde dieser Begriff für jene, die im Osten in selbstherrlicher Manier auftraten und ihre eigenen Erfahrungen als absolute Wahrheit verkündeten. Jene, die glaubten, nur sie allein wären in der Lage, den wilden Osten zu zivilisieren und den Menschen dort endlich das Arbeiten beizubringen. So führte das negative Verhalten Einzelner zu Vorurteilen, die sich zügig im ganzen Land ausbreiteten.

In Hohen Wieschendorf war von diesen Vorurteilen nichts zu spüren. Viele der Dorfbewohner brachten Enno Sympathie entgegen. Sie merkten sofort, dass sich da kein Besserwessi bei ihnen eingenistet hatte. Sie achteten sein Engagement und seine Bereitschaft, überall selbst anzupacken. Sie durchschauten auch schnell, dass hier kein Schnacker gekommen war, wie sie schon so viele kommen und gehen sehen hatten. Täglich konnten sie mit eigenen Augen erkennen, wie es voranging, wie nach und nach Ruinen verschwanden und sich Neues erhob. Enno und Lisa ließen den Menschen ihrer neuen Umgebung gegenüber keinerlei Berührungsängste aufkommen. Sie schätzten deren Zielstrebigkeit, Bodenständigkeit und Geradlinigkeit. Auch unter den Mitarbeitern hatten gegenseitige Vorurteile und Berührungsängste keine Chance. Während der Bauarbeiten in Hohen Wieschendorf und den gleichzeitigen landwirtschaftlichen Arbeiten in beiden Betrieben war es notwendig geworden, dass Delingsdorfer Beschäftigte nach Hohen Wieschendorf pendelten und in der entgegengesetzten Richtung war es dasselbe. Jeder wurde nach seiner Eignung und seinen Stärken eingesetzt. Alle lernten voneinander und akzeptierten die Eigenheiten des anderen. Keiner der in die neuen Aufgaben Einbezogenen schonte sich. Es schien, als sei ausnahmslos jeder von einer unbändigen Aufbruchsstimmung mitgerissen.

Für Enno und Lisa bedeutete dies, ebenfalls zu pendeln. Etliche Stunden des Tages brachten sie im Auto zu, um von ihrem Wohnort in Delingsdorf an ihren neuen Arbeitsort zu gelangen. Eine Übersiedlung nach Hohen Wieschendorf war zwar geplant, aber noch fehlte es an einem geeigneten Wohnhaus. Ennos Aufmerksamkeit richtete sich zuerst auf das frühere Gutshaus. Als Ferienheim hatte es ausgedient. Ennos und Lisas Traum bestand darin, dieses Haus in seinen ursprünglichen Zustand zurückzuführen und es als Wohn- und Bürogebäude zu nutzen. Architekten und Gutachter waren schon beauftragt, Kaufgebote abgegeben. Die Pläne wurden jedoch von den durch die Wiedervereinigungswirren ständig wechselnden Geschäftsführer des Schweriner Eigentümerunternehmens immer wieder verzögert. Die Treuhand, in deren Verkaufsprogramm das Haus schließlich einging, hatte unrealistische Preisvorstellungen. So schwer es ihnen fiel, aber nach einem Jahr vergeblicher Versuche, das Haus zurückzuerlangen, entschieden sich Enno und Lisa für einen Verzicht darauf.

Längst war es überfällig, sich um ein geeignetes Wohn- und Bürogebäude auf dem Gut zu kümmern, denn die ständigen Fahrten zwischen Delingsdorf und Hohen Wieschendorf kosteten viel Zeit und Kraft. Eine geniale Idee hielt in den Köpfen von Enno und Lisa Einzug. Wenn das Gutshaus in DDR-Zeiten in einen grauen Betonklotz verwandelt worden war, warum sollte man dann jetzt nicht einen grauen Betonklotz in ein Gutshaus verwandeln können? Der frühere Schweinestall der LPG, eben jenes graue nichtssagende Gebäude, vor dem sie während ihres ersten Besuches nach dem Mauerfall geparkt hatten, wurde ihr Zielobjekt. Warnungen, dass der intensive Geruch des Schweinestalls nie endgültig aus dem Mauerwerk verschwinden würde, ignorierten sie. Die Bauarbeiten nahmen ihren Lauf. Neue Fenster, ein neues Dach und letztendlich auch ein Rundturm gaben dem Gebäude schon rein äußerlich ein völlig neues Gepräge. Der Rundturm in der Mitte des Gebäudes schuf die Verbindung und das Andenken an das alte Gutshaus, dessen Wahrzeichen dieser Turm immer gewesen war. Die Innenräume des Gebäudes gestalteten Lisa und Enno als gleichzeitigen Wohnsitz und Arbeitsplatz. Auch diese Räume lehnten sich an den Stil eines Gutshauses an. Zur Einweihungsfeier erinnerte nichts mehr an den früheren Stall, ganz zu schweigen von dessen Geruch. Kein noch so winziger Hauch von Schweinemist konnte die Isolierung des Mauerwerks durchdringen.

Nebenher liefen weitere Bauarbeiten. Der gesamte Gutshof bildete eine einzige Baustelle. Zwei der alten Ställe ließ Enno abreißen. Auch der schöne rote Kuhstall aus Backstein mit den völlig verrotteten Stützbalken war nach Architektenmeinung nicht mehr den geringsten Aufwand wert. Eine Sanierung würde gewaltige Summen verschlingen. Der Architekt entschied rational – Enno entschied emotional. Wieder einmal hörte er, wie schon so oft in seinem Leben, auf sein Gefühl. Der Kuhstall war das einzige noch vorhandene historische Gebäude auf dem Hof, in dem schon die Kühe seines Großvaters ihr Heu fraßen. Kühe würden hier nicht mehr gehalten werden, aber zumindest das Gebäude sollte erhalten bleiben. Mit Hilfe eines engagierten Zimmermanns und der auf dem Hof beschäftigten Mitarbeiter ging es an die Sanierung. Enno bewunderte den Enthusiasmus und die Geduld der Leute, die Stunden und Tage auf den Gerüsten ausharrten. Sie befreiten das Mauerwerk von dem schon seit

Jahrzehnten anhaftenden Dreck. Wenn er zweifelte, ob es je gelingen würde, das Gebäude zu retten, hörte er vom Gerüst her: „Herr Glantz, wi maken dat all.“ Und sie machten es!

Nach Abschluss aller Bau- und Sanierungsmaßnahmen am Ende des Jahres 1995 rückte der frühere Kuhstall in das Licht der Öffentlichkeit. Er hatte seinen alten Charme zurückbekommen und strahlte gleichzeitig in neuem Glanz. Ein Weihnachtsmarkt, ähnlich dem, der schon etliche Jahre in Delingsdorf zahlreiche Besucher anlockte, würde den entsprechenden Rahmen für die Einweihung bieten. Lisa dekorierte diesen Markt zusammen mit ihrer Freundin Conny von Rege. Gemeinsam hatten sie schon seit etlichen Jahren den Weihnachtsmarkt in Delingsdorf ins rechte Licht gesetzt. Die Gestaltungsfreude der beiden Frauen kannte keine Grenzen, sie hatten die gleichen Vorstellungen davon, wie man weihnachtliche Stimmung erzeugt. Bis zum kleinsten Detail war alles perfekt geschmückt. Die Werbetrommel hatte beachtliches Getöse verursacht, so dass Presse und diverse offizielle Besucher vor der eigentlichen Eröffnung erschienen. Man war sehr angetan und lobte die Organisatoren. Aber gleichzeitig wurden Zweifel laut, ob es sich überhaupt lohne, diesen Aufwand hier im Osten und noch dazu auf so einem kleinen Dorf zu betreiben. Jemand, der glaubte, besonders viel von diesem Metier zu verstehen, warnte Enno eindringlich: „Das haben Sie alles viel zu aufwändig gestaltet, das ist weggeworfenes Geld.“ Nun überkamen auch Lisa und Enno die ersten Zweifel. Versprachen sie sich wirklich zu viel? War das finanzielle Risiko zu groß? Der morgige Tag würde es zeigen. Am nächsten Tag, gegen Mittag, öffnete der Markt offiziell seine Tore. Aber sie hätten auch geschlossen bleiben können. Kein einziger Besucher ließ sich auf dem Hof blicken. Die Festscheune lag einsam und verlassen. Lisa und Enno konnten es nicht fassen. Die Unkenrufer vom Vortag hatten also recht behalten. Enttäuscht verließen sie nach etwa einer Stunde die Festscheune und zogen sich in ihr Wohnhaus zurück. Hin und wieder schauten sie aus dem Fenster auf den Hof. Nichts. Niemand schien sich nach Hohen Wieschendorf zu verirren. Enno musste Lisa trösten. „Wenn niemand kommt, dann steigt heute Abend eine große Party. Wir laden alle ein, die geholfen haben, und dann gibt es für jeden ein halbes Wildschwein.“ Aber Lisa konnte nicht lachen. „Ach Enno, ich verstehe das nicht, dass sich hier niemand blicken lässt. In Delingsdorf herrscht schon seit Jahren Hochbetrieb und hier kommt nicht einmal eine Hand voll Leute.“ Plötzlich blubberte Motorenlärm vom Hof her durch die geschlossenen Fenster. Ein Auto nach dem anderen drängte auf den Parkplatz. Es war mittlerweile zwei Uhr nachmittags geworden. „Was ist denn jetzt los, das kann doch nicht sein“, wunderte sich Lisa. „Da haben es sich wohl doch noch ein paar Leute überlegt, zu uns zu kommen.“ Enno grinste nur: „Du weißt doch, in Mecklenburg geht alles ein bisschen langsamer als anderswo auf der Welt.“ Die Stimmung der beiden wurde schlagartig besser. Fast im Laufschritt kamen sie in der Scheune an, in der sich schon Menschentrauben um die einzelnen Stände gebildet hatten. Erleichtert atmeten die beiden auf. Der Weihnachtsmarkt war gerettet. Von nun an wurde er jedes Jahr in der Vorweihnachtszeit zum Anziehungspunkt für unzählige Besucher.

Gut Karlshöh, Wohnort bis 1960

Pachthof in Delingsdorf ab 1961

Das erste Erdbeerfeld von Günther Glantz 1956!

Pflanzen 1956

Erdbeerernte 1956

Erdbeeranbau und Ernte heute

Abdeckung der Felder mit Folien im Februar

Erdbeeranbau und Ernte heute

Verkauf damals

Verkauf 1956

Verkaufsstand in den 70er Jahren mit Anlieferung

Verkauf heute

Verkaufsstände vom Erdbeerhof Glantz

Sprung in die Erdbeersaison 2005

Erdbeerhof Glantz in Delingsdorf

Restaurant Glantz & Gloria

Heino, Lehrpferd und Partner in den ersten Turnierjahren

Geländeritt 1964

Jagdpferdespringprüfung Klasse S auf der Horner Rennbahn 1964

Hanko, über 10 Jahre lang wichtigster Partner auf allen Turnierplätzen in Schleswig-Holstein

Enno und Hanko vor dem Start

Enno auf Hanko im Parcours

Hanko als Rentner auf der Weide bekommt Besuch

Reiterteam vom Erdbeerhof Glantz in den 80er Jahren

Erfolgreiche Pferde aus Zucht und Aufzucht vom Erdbeerhof in die Welt

Staatsprämienstute „Hallo“ von Donnerhall / Pik Bube
Siegerstute des Landeschampionats von Oldenburg in Rastede und
3. Platz beim Bundeschampionat in Warendorf 1994

„Glanzpunkt" von Grenadier / Miraccolo xx
Eines der Spitzenpferde der Verdener Auktion 1982

„Gospodin" von Goldstern / Sender 1988

„Der Flieger" von Dymano / Endspurt xx von der Verdener Auktion in die USA, 1992

„Lancerto" von Lancer-Caretino, einer der Spitzenhengste auf der Körung in Neumünster 2005

Wulf-Hinrich Hamann in Aktion

„Classic Touch" mit Wulf-Hinrich Hamann am Beginn ihrer großartigen Turnierkarriere 1994 unter Ludger Beerbaum Olympia-Siegerin von Barcelona

Akrobatische Schaunummer von Wulf-Hinrich Hamann

„Goldika“ von Carthago Renomee Z, Stamm 242

Herausragende Zuchtstute der Stallgemeinschaft Glantz/Hamann und ihre erfolgreiche Nachzucht

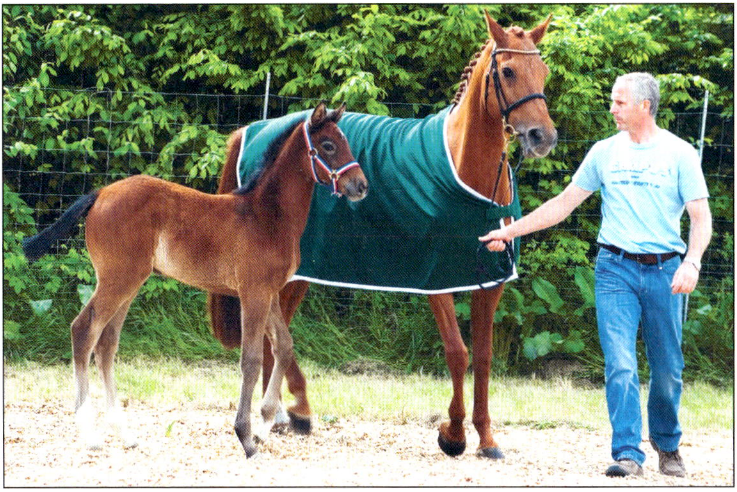

„Goldika“ mit ihrem Stutfohlen von Cassini I, geb. 2008

„Cassilia“ von Casall aus der Goldika
Spitzenpferd auf der Auktion in Neumünster 2007

„Lady Sunshine" von Limbus aus der Goldika
Eines der Spitzenpferde auf der Auktion in Neumünster 2006

„Conthago" von Contendro II aus der Goldika
Hengstanwärter, Neumünster 2008

Zeit der Entscheidungen

Neben den Bauarbeiten auf dem Gutsgelände lief der Landwirtschaftsbetrieb auf vollen Touren. Auch hier konzentrierten sich Enno und Lisa, wie schon in Delingsdorf, auf die Erdbeeren als Hauptanbaufrucht. Zuvor mussten sich die Früchte aber ihren Platz auf den Feldern von Hohen Wieschendorf erobern. Genauso wie die neuen Mitarbeiter, die sich ihren Platz bei den Erdbeeren auch erst langsam erkämpften. In der ersten Saison, 1993, herrschten Konfusion und Wirrwarr. Die Erträge von den ersten zehn Hektar Anbaufläche waren nicht gerade rekordverdächtig. Die Unkrautbekämpfung in der Wachstumsphase war vernachlässigt worden. Eigentlich konnte man mehr von einem Unkrautacker sprechen als von einem Erdbeerfeld. Natürlich machte sich Enno im Nachhinein Vorwürfe, dass er sich selbst zu wenig um diese erste Saison gekümmert hatte. Aber in dieser Zeit stürmte einfach zu viel auf ihn ein. Er hatte den Arbeitsaufwand, den die Sanierung des Gutes mit sich brachte, bei weitem unterschätzt. Wer den Schaden hat, braucht bekanntlich auch für den Spott nicht zu sorgen. Einer seiner Mitarbeiter gab Enno den originellen Rat, sich doch einmal das Erdbeerfeld der LPG im Nachbardorf Beckerwitz anzusehen, dort hätte man Erfahrung im Erdbeeranbau. Enno nahm es gelassen. Hochgradiges Erstaunen erregte bei einigen Mitarbeitern auch der Verkauf der Erdbeeren. 150 Kisten waren gepflückt worden, da hieß es: „Wie viele Wochen wird das wohl dauern, bis die verkauft sind?“ Dass diese Menge innerhalb weniger Stunden umgeschlagen sein würde, das konnte man sich partout nicht vorstellen. Mehr schlecht als recht überstand man diese chaotische erste Erdbeersaison. Aber sie blieb für immer im Gedächtnis aller Beteiligten.

Die darauf folgende Saison in Hohen Wieschendorf verlief schon in geordneteren Bahnen. Enno begann damit, ein Vermarktungsnetz zwischen Schwerin und Wismar aufzubauen. Auch in Mecklenburg, wie schon seit einigen Jahren in Hamburg und Schleswig-Holstein, lenkten jetzt die roten Riesenerdbeeren als Verkaufsstände die Blicke auf sich. Natürlich wurde auf dem wiederauferstandenen Gut nicht nur gearbeitet. In Hohen Wieschendorf verstand man es auch, freudig zu feiern. Die neue Festscheune, dieses gemütliche und rustikale Gebäude, bot genug Platz für Ernte- und Dorffeste, die nun für einige Jahre eine Wiederbelebung erfuhren.

Diese Zeit und die darauf folgenden Jahre bis zur Jahrtausendwende zählten zu den schönsten und intensivsten Jahren im Leben von Enno und Lisa. Alles war plötzlich möglich. Ihre ersten Pläne liefen auf einen vollständigen Umzug nach Hohen Wieschendorf hinaus. Enno glaubte, eine Art Vermächtnis seines Großvaters und Vaters erfüllen zu können, wenn er an deren einstigen Wohnort auch selbst leben würde. Abgesehen davon fühlte er sich auch besonders wohl an diesem Ort. Die Weite der Landschaft faszinierte ihn ohnehin. Auch Lisa hielt sich gern in Hohen Wieschendorf auf. Ein alleiniger Wohnsitz dort hätte aber bedeutet, den Betrieb in Delingsdorf zu vernachlässigen, der sich in jener Zeit ebenfalls auffällig entwickelte. Dies erforderte wenigstens eine halbwöchige Anwesenheit Ennos dort, denn ohne das finanzielle Polster aus Delingsdorf wären die Investitionen in Hohen Wieschendorf nicht tragbar gewesen. Die Konsequenz daraus bestand in einem Doppelleben für Lisa und Enno. Zwei Wohnorte – zwei Arbeitsorte.

Das gelang eine gewisse Zeit recht gut, bis Lisa eines Tages feststellte, dass sie im wahrsten Sinne des Wortes nur noch funktionierte. Wieder einmal im Auto, auf einer der Fahrten zwischen Delingsdorf und Hohen Wieschendorf, nutzte sie die Gelegenheit, ihren Mann endlich einmal für sich allein zu haben. „Enno, gefällt es dir eigentlich, dass wir ständig hin und her reisen?“ – „Warum fragst du? Du weißt doch, dass es im Moment nicht anders geht“, antwortete Enno und konzentrierte sich wieder auf den Straßenverkehr. „Stört es dich nicht, dass wir ständig auf dem Sprung sind?“, ließ Lisa nicht locker. Enno merkte nun, dass er sich auf eine Diskussion mit seiner Frau einlassen musste. „Wir sind doch nicht auf dem Sprung, es ist doch spannend, mal hier und mal dort zu sein.“ – „Ich fand es anfangs auch sehr spannend, aber mittlerweile weiß ich gar nicht mehr, wo ich eigentlich hingehöre. Ich fühle mich nirgendwo richtig zu Hause. In Hohen Wieschendorf bin ich nicht vollständig angekommen und in Delingsdorf gehöre ich auch nicht mehr richtig dazu.“ – „Aber wir waren uns doch einig, dass wir das Gut wieder aufbauen wollen.“ – „Natürlich waren wir uns einig und es ist auch eine wunderbare Aufgabe. Aber wir sind auch nicht mehr die Jüngsten, Enno. Wir sind beide über fünfzig Jahre. Ich sehne mich danach, wieder einen festen Ort zu haben, an dem ich mich zu Hause fühle.“ Für Lisa war dieses unstete Leben zur Kraftprobe geworden. Ständig zwei Haushalte organisieren, dazu die anfallenden Arbeiten im alten und im neuen Betrieb, das zehrte an ihrer Substanz. Überdies merkte sie, dass ihr kaum noch Zeit für Privates blieb. Den Freundes- und Bekanntenkreis hatte sie in den letzten Jahren stark vernachlässigt. Ihr Lebensmittelpunkt, der seit drei Jahrzehnten in Delingsdorf lag, schien sich mehr und mehr aufzulösen. Es wurde Zeit, eine Entscheidung zu treffen, wie sie ihr Berufs- und Privatleben in Zukunft gestalten wollten.

Auch Ennos Energiereserven schrumpften nach und nach. Allerdings gestand er sich dies noch nicht ein. Die Freude am Aufbau des Gutes sorgte anfangs für immer neue Glücksmomente, die ein Nachlassen seiner Kräfte nicht spürbar werden ließen. Auch gelegentliche Rückschläge in seinen Planungen konnten dieses Hochgefühl nicht untergraben. Die Neugestaltung des Familienbesitzes in Mecklenburg brachte für ihn nur einen, jedoch schwerwiegenden, Verlust mit sich. Seinen geliebten Pferdesport, für den er sich zuvor fast jedes Wochenende Zeit nahm, musste er von nun an vernachlässigen. Diesen Sport aufzugeben, der ihm viel mehr bedeutete als ein Hobby, der für ihn Lebensqualität und Lebensinhalt darstellte, fiel Enno sehr schwer.

Bis in die früheste Jugend reichte seine Liebe zu den Pferden zurück. Reitunterricht oder gar ein eigenes Pferd konnte er jedoch zu jener Zeit nicht finanzieren. Aber wo ein Wille ist, ist auch ein Pferd. Wieder einmal waren es die Verbindungen nach Mecklenburg, die ihm halfen, seinen Traum vom Reiten zu erfüllen. Hans Jückstock, der in den Sechzigerjahren zusammen mit seinem Bruder einen Reitstall in Wohltorf bei Hamburg eröffnet hatte, ermöglichte Enno in dessen Jugendzeit die ersten Reitstunden. Er war der Sohn eines aus Mecklenburg geflüchteten Bauern, welcher bei Günther Glantz auf dem Gut in Karlshöh eine Anstellung gefunden hatte. Durch die Bekanntschaft der Väter und durch ihr gemeinsames Hobby freundeten sich auch die Söhne an. Enno verbrachte viel Zeit im Stall der Jückstocks, machte sich dort nützlich und erhielt als Gegenleistung kostenlose Reitstunden. Fast jedes Wochenende zog es ihn in diesen Stall, wo er viele Stunden seiner freien Zeit verbrachte. Dort trat eines Tages Heino in sein Leben. Vielmehr hinkte er hinein, denn Heino war schulterlahm und damit nicht mehr zu heilen. So lautete jedenfalls die Diagnose des Tierarztes. Das bedeutete für Heino: Endstation Schlachthof. Sein Besitzer, ein Jagdreiter, hatte keine Verwendung mehr für dieses unbrauchbar gewordene Pferd. Aber Enno kam dem Pferdeschlachter zuvor. Dieses Tier hatte in ihm eine augenblickliche Sympathie ausgelöst, er wollte und musste es haben. Also bot er dem Besitzer 50 Mark mehr als den Schlachtpreis und beide wurden einig. Mit diesem Handel hatte Enno sein erstes eigenes Pferd erstanden. Er war glücklich und auch Heino wurde es, denn auf wundersame Weise verschwand bald darauf sein Leiden. Der Tierarzt hatte sich getäuscht. Das Pferd war nicht schulterlahm, sondern litt nur an einer Prellung, die schnell ausheilte. Enno war noch kein guter Reiter, aber alles, was ihm an Können fehlte, glich Heino durch Mut, Temperament und Lebensfreude aus. Dieses Pferd spürte wohl, dass es Enno sein Leben zu verdanken hatte, und zeigte sich auf seine Art und Weise erkenntlich. Zusammen bildeten die beiden ein wunderbares Team. Sie ritten drei Jahre lang gemeinsam auf vielen Turnieren. So lange, bis Enno einen großen Fehler machte. Der Erfolg von Heino sprach sich herum und man bot seinem Besitzer einen beträchtlichen Kaufpreis für ihn. Diese Summe beeindruckte Enno und gab ihm die Gelegenheit, drei neue Pferde zu kaufen. So trennte er sich von Heino. Dieser Verkauf, von dem er sich ursprünglich viel versprochen hatte, brachte ihm kein Glück. Die Erfolge auf Turnieren blieben aus. Enno gab die Reiterei für mehrere Jahre fast ganz auf. Einer der Gründe dafür war auch die Arbeit auf dem Hof in Delingsdorf, den er zu jener Zeit übernommen hatte und den er völlig umstrukturierte.

Zu dieser Umstrukturierung gehörte die eigene Pferdezucht und -ausbildung, in die Enno viel Liebe, Geld und Zeit investierte, die ihm nun für sein Hobby, das Turnierreiten, fehlte. Dieser Betriebszweig wuchs neben dem Erdbeeranbau in den Siebzigerjahren zum wirtschaftlichen Standbein des Betriebes. Gleichzeitig bedeutete er für Enno eine sehr befriedigende und anspruchsvolle Beschäftigung. Mit vielen namhaften Reitern und Trainern wie Herbert Rehbein oder Harm Thormählen arbeitete er in jener Zeit zusammen, lernte viel von ihnen und pflegte freundschaftliche Kontakte. Auch die Freundschaft mit Hans Jückstock, seinem ersten Reitlehrer, blieb bestehen. Neun Jahre waren seit Heinos Verkauf verstrichen, als auch die Zeit für eine neue Pferdefreundschaft reifte. Der Zufall, in Gestalt eines Viehhändlers, brachte Hanko in den Delingsdorfer Stall. Im Doppelpack, zusammen mit einem Pony, konnte Enno diesen übergroßen, steifbeinigen und hässlichen Schimmelwallach günstig erstehen. Niemand sonst interessierte sich für dieses absonderliche Pferd. Aber nicht nur der Preis des Tieres gab den Ausschlag für den Kauf.

Wieder war es Ennos Gefühl, das ihn zu dem Pferd drängte. Ähnlich wie schon mit Heino geschehen, spürten Mensch und Pferd sogleich eine gegenseitige Anziehung. Und wieder schien dieses Tier seinem Besitzer Dankbarkeit zeigen zu wollen. Seine Steifbeinigkeit und seine fehlende Technik glich Hanko in Turnieren durch unbändige Kraft, ein großes Herz und selbstbewussten Stolz aus. Mehr als zehn Jahre zeigten Enno und Hanko sich zusammen auf Turnieren. Beide liebten die Atmosphäre auf den Turnierplätzen, die ihnen an fast jedem Wochenende zum Aufenthaltsort wurden. Sie fielen dabei nicht als übermäßig erfolgreiches Paar auf, aber sie gewannen die Sympathien der Zuschauer durch ihre Originalität. Den Fehler, der ihm mit Heino unterlaufen war, unterließ Enno bei Hanko. Ein Verkauf des Tieres war ausgeschlossen. Als dieser Schimmel zu alt für Turniere wurde, erhielt er im Delingsdorfer Stall sein Gnadenbrot. Aber diese Zeit lag schon lange zurück. Enno dachte gern daran, aber jetzt standen neue Aufgaben vor ihm.

Der Wiederaufbau Hohen Wieschendorfs und das gleichzeitige Wachstum des Betriebes in Delingsdorf bremsten nicht nur Ennos Hobby, das Reiten. Die neue Fülle an Aufgaben kündete ebenfalls eine Entscheidung in seinen unternehmerischen Plänen an. Den zeitlichen Aufwand, den er schon mehr als 20 Jahre für die Pferdezucht und -ausbildung aufwandte, konnte er nicht mehr leisten. Es war dringend notwendig geworden, die Frage zu lösen, wohin die Pferde in Zukunft traben sollten. Er musste sich entschließen, die Tiere in andere Hände abzugeben. Diese Hände und den gleichzeitigen Pferdeverstand lieferten Camilla und Wulf-Hinrich Hamann, zwei hochtalentierte Reiter und Ausbilder von Springpferden. Enno kannte das Paar schon seit längerem und wusste, dass er auf die beiden bauen konnte. Mit diesen Pferdespezialisten gründete Enno 1994 ein neues Unternehmen, dessen Führung er Wulf-Hinrich Hamann übergab. Der erfolgreiche Pferdemann hatte unter anderem die in Reiterkreisen bekannte Stute „Classic Touch" ausgebildet, mit der der berühmte Reiter Ludger Beerbaum Olympiasieger wurde. Enno nahm sich in diesem Unternehmen die Freiheit, wichtige Entscheidungen mitzutragen, sich ansonsten aber völlig auf seinen Partner zu verlassen. So wusste er, dass die Pferdezucht, die er einst mit großer Leidenschaft aufgebaut hatte, in seinem Sinn weitergeführt werden würde.

Viel langsamer als diese Entscheidung reifte bei Lisa und Enno der Entschluss, letztlich doch nicht vollständig nach Hohen Wieschendorf überzusiedeln. Der Stammbetrieb in Delingsdorf machte diese Entscheidung notwendig. Während in Hohen Wieschendorf vor jedem Erfolg steile und mühsame Stufen zu erklimmen waren, betrat man im Stammbetrieb eine Rolltreppe, die nach oben führte. Die Paarung des Namens Glantz mit der Frucht Erdbeere war in und um Hamburg längst zum stehenden Begriff geworden. Natürlich dachten weder Enno noch Lisa noch die umsichtigen Mitarbeiter daran, von dieser Rolltreppe abzuspringen, geschweige denn sie anzuhalten. Deshalb war Ennos Anwesenheit in Delingsdorf unverzichtbar, um die Rolltreppe am Rollen zu halten. Dies machte eine vollständige Übersiedlung nach Mecklenburg vorerst nicht möglich.

Vom 20. ins 21. Jahrhundert

Der Jahreswechsel von 1999 in das Jahr 2000 wurde schon im Voraus mit Schreckensszenarien angekündigt. Der Übergang in ein neues Jahrtausend musste doch auf jeden Fall ganz besondere Ereignisse nach sich ziehen. Schon einmal, nämlich tausend Jahre früher, war die Menschheit in Panik verfallen. Damals prophezeite man den Weltuntergang. Eine Massenhysterie brach aus und unzählige leichtgläubige Menschen stürzten sich schon vorsorglich in den Selbstmord. Nach weiteren tausend Jahren, die Welt war seltsamerweise nicht untergegangen, obwohl sie oft kurz davorstand, wurde ein neues Schreckensbild in die Köpfe der Menschen gepflanzt. Der weltweite Computercrash stand für diese Silvesternacht bevor. Und einen Ausfall der Computer konnte man im Zeitalter dieser unverzichtbar gewordenen Technologie mit einem Weltuntergang gleichsetzen. Zu Massenselbstmorden im Voraus kam es dieses Mal glücklicherweise nicht. Aber jeder, ob Spezialist oder Laie am Computer, versuchte sich mit allen Mitteln für diese Katastrophe zu wappnen. Nicht enden wollende Vorsorgemaßnahmen wurden getroffen. Dennoch glaubte man, diesem Schicksal hoffnungslos ausgeliefert zu sein. Rauschende Silvesterpartys feierte man trotzdem. Vielleicht war es ja der letzte Jahreswechsel, den man zusammen mit der wichtigsten Maschine erlebte. Mitternacht kam, alle hielten den Atem an: aber es geschah nichts. Die elektronischen Datenverarbeitungsmaschinen arbeiteten fleißig wie eh und je. Man hatte wohl vergessen, ihnen zu sagen, dass ein neues Jahrtausend angebrochen war.

Lisa und Enno verbrachten diese besondere Silvesternacht mit Freunden in Hamburg. Natürlich machten auch sie sich im Voraus einige Gedanken über die Technik in ihren beiden Unternehmen. Bei Enno hielt sich dies jedoch in Grenzen, das überließ er seinen Mitarbeitern. Der Computer war in all den Jahren seit seiner Erfindung nie zu einem Freund für ihn geworden. Ja, er blieb ihm in seiner Kälte und Undurchschaubarkeit immer unsympathisch, eine Maschine eben. Ganz anders dagegen Menschen, Tiere und Pflanzen, das waren lebendige Wesen, mit denen er gern in Kontakt trat. Sicherlich waren auch deren Reaktionen nicht immer voraussehbar, aber sein inneres Gespür oder sein Instinkt wirkten als Barometer im Umgang mit ihnen. Diese Art von Eingebung besaß er jedoch nicht nur in der Beziehung mit lebendigen Wesen. Sie half ihm auch oft bei Entscheidungen, die im Unternehmen zu treffen waren.

Im neuen Jahrtausend wurden wieder einmal etliche Entscheidungen in betriebswirtschaftlicher Hinsicht notwendig. Natürlich besprach Enno alle seine Pläne und Vorhaben zuerst mit Lisa und mit den leitenden Mitarbeitern. Aber oft stand sein Plan bereits im Voraus fest. Wenn sein Bauch einmal gesprochen hatte, dann ließ sich Ennos Kopf kaum noch mit Gegenargumenten umstimmen. In den meisten Fällen behielt er damit recht. Dennoch hatte er eine ständige Mahnerin in wirtschaftlichen Angelegenheiten. Es war Ninchen. Obwohl sie inzwischen das achte Lebensjahrzehnt überschritten hatte und ihren jüngsten Sohn lange genug kannte, glaubte sie noch immer, ihn vor drohendem Unheil bewahren zu müssen. Vor jeder neuen Investition, die Enno plante, fragte sie ihn besorgt, ob er sich damit nicht finanziell übernehmen würde. Enno war gerührt über dieses anteilnehmende Verhalten seiner Mutter. Er konnte sich genau erklären, woher dies stammte. Seine Eltern hatten fast ihr gesamtes Leben nur mit dem Notwendigsten auskommen müssen. Nach der Enteignung hatten sie alles verloren. In der Zeit, in der sein Vater als Verwalter der Güter Karlshöh und Sachsenwaldau angestellt war, reichte sein Gehalt immer nur gerade so, um die siebenköpfige Familie über Wasser zu halten. Auch in den Anfangsjahren als selbstständige Landwirte blieb für seine Eltern das Thema Geld immer ein wunder Punkt. Erst ganz am Ende ihres Berufslebens gelang es ihnen, eine kleine finanzielle Rücklage zu behalten. Dass seine Mutter besorgt war, konnte Enno verstehen. Er brachte es jedoch nie fertig, ihr diese Sorge dauerhaft zu nehmen.

Auch Ninchen hatte mit regem Interesse verfolgt, was in den vorangegangenen Jahren in Hohen Wieschendorf wuchs. Dass sich ihr Sohn dabei nicht in ein Labyrinth aus Schulden gestürzt hatte, aus dem es kein Entrinnen gab, erfüllte sie mit Befriedigung. Außer Ninchen waren es ausnahmslos Mitglieder der Familie und des Unternehmens, die es mit Befriedigung erfüllte, was sie dort gemeinsam geschaffen hatten. In Hohen Wieschendorf war jetzt alles auf dem neuesten Stand. Aber wie sah es in Delingsdorf aus? Während die jüngere Schwester nun allseits bewundert und von den Ostseewellen umspült dalag, war die ältere Schwester in den letzten Jahren zu kurz gekommen. Sie hatte das Geld verdienen müssen, um die neue

Schwester herauszuputzen. Dabei war sie auch nicht mehr die Jüngste. Stück für Stück begann ihre Fassade zu bröckeln. Jetzt, nach dem Jahrtausendwechsel, wurde es Zeit, auch ihr wieder mehr Aufmerksamkeit zu schenken.

Das enorme wirtschaftliche Wachstum in Delingsdorf hatte dazu geführt, dass der Betrieb aus allen Nähten platzte. Das alte Bauernhaus, in dem Günther und Ninchen ihre erste Bleibe gefunden hatten und in dem auch Enno und Lisa lebten und arbeiteten, war längst zu klein. Die Lagerhalle für den Umschlag und die Verpackung der Ernte war unzweckmäßig geworden und seit langem viel zu beengt für die anfallenden Arbeiten. Von dem alten Kuhstall ganz zu schweigen. Dort befanden sich während der Saison Büros und eine Kühlhalle und auch dem Weihnachtsmarkt bot er jedes Jahr eine Bleibe. Ein großes Bau- und Sanierungspaket wurde geschnürt und im Jahr 2000 auf den Weg gebracht. Bestandteile dieses Paketes waren der Bau eines neuen Wohn- und Bürogebäudes mit der Verbindung zu einer neuen Halle, in der die Erdbeeren verpackt und für den Verkauf vorbereitet werden konnten. Natürlich gehörte in einen modernen landwirtschaftlichen Betrieb auch eine moderne Werkstatt. Der Werkstattbau war ein weiterer Bestandteil des Paketes. Die letzten Überlegungen galten dem früheren Kuhstall und jetzigen Saisonbüro, direkt an der Hauptstraße von Delingsdorf gelegen.

Mit seiner historisch ländlichen Fassade war er viel zu schade, um ihn den Ratten und Mäusen als Tummelplatz zu überlassen. Abreißen kam schon gar nicht in Frage. Zu viel der schönen alten Bausubstanz hatte in Delingsdorf schon der Neubaumanie weichen müssen. Die ersten Überlegungen liefen auf den Einbau von Wohnungen hinaus. Wieder einmal war es Ennos Bauch, der eine Idee gebar, die bei Lisa und einigen der Mitarbeiter Kopfschütteln hervorrief. Was sich der Chef da ausgedacht hatte, das konnte nicht funktionieren. Wie schon mehrmals in ähnlichen Situationen, ließ sich Enno jedoch nicht von dieser Idee abbringen. Der alljährliche Weihnachtsmarkt bot die Grundlage für seinen Plan. Zu dieser Gelegenheit stürzten sich die Besucher immer förmlich auf die dort angebotenen Leckereien. Ob Kuchen oder Erbsensuppe, Bratwurst oder Glühwein, alles fand reißenden Absatz. Warum sollte dann nicht ein Restaurant auf die gleiche Resonanz stoßen? Ein Restaurant in diesem wunderbar rustikalen Gebäude, das wäre der Knüller, so dachte jedenfalls Enno. Die Meinung seiner Mitarbeiter, dass man sich doch besser auf die Landwirtschaft konzentrieren und nicht auf die Irrwege der Gastronomie abweichen solle, konnte ihn nicht beeinflussen. Sein Plan stand fest, obwohl er nur einen Befürworter für dieses Vorhaben fand. Peter Thode, ein Architekt, mit dem Enno schon länger befreundet war, zeigte sich ebenso fasziniert von dieser Idee. Gemeinsam planten die beiden den Umbau des alten Gebäudes. Sie waren überzeugt, dass nur ein Restaurant diesem wunderschönen historisch-ländlichen Gebäude die ihm entsprechende Geltung verleihen würde. Zusätzlich zu den Plänen lieferte der Freund auch gleich den passenden Namen für das Restaurant. „Glantz und Gloria" sollte es heißen. Das klang aber in Ennos Ohren viel zu mondän und großspurig für Delingsdorf. Je länger er jedoch darüber nachdachte, desto mehr gefiel ihm dieser Name. Nach zweijähriger Bauphase konnten die ersten Gäste im „Glantz und Gloria" empfangen werden. Personal war eingestellt worden, den Kuchen und die Torten lieferten nach wie vor die Frauen aus der Umgebung, die auch den Weihnachtsmarkt mit Süßigkeiten versorgten. Zur Kaffeezeit herrschte immer reger Betrieb im neuen Restaurant. Aber ansonsten fand es keinen erwähnenswerten Zuspruch. Diese neue gastronomische Anlage konnte die Erwartungen der Gäste nicht erfüllen. Auch Ennos Erwartungen erfüllten sich nicht mit diesem neuen Betriebszweig. Sein Gefühl hatte ihm dieses Mal einen Streich gespielt. Er musste seine Niederlage den Zweiflern gegenüber zwar zugeben, aber das hieß nicht, dass er sich mit dieser Niederlage auch abfand. Aufgeben kam nicht in Frage. Mehrere Jahre kämpfte Enno mit der Tücke des Objekts, bis eines Tages ein neuer Küchenchef für dieses Haus gefunden war. Der Gastronom Herbert Maas übernahm zusammen mit seiner Familie das Restaurant. Mit einem völlig veränderten Konzept und viel Enthusiasmus verliehen diese neuen Köpfe dem Haus endlich das Ansehen und die Bedeutung, die seinem Namen entsprachen. Die fantasievollen Kreationen des neuen Kochs und Leiters des Hauses sprachen sich schnell herum. Kaum ein Wochenende verging, an dem nicht im Saal oder im Gastraum gefeiert wurde. Mit diesem frischen positiven Ruf des „Glantz und Gloria" gewann auch der Erdbeerhof an Ansehen und öffentlicher Ausstrahlung.

Nach und nach verwandelte sich also auch der Delingsdorfer Betriebsteil. 2004 erhielt er noch ein weiteres schmückendes Beiwerk. Gleich neben dem Restaurant, ebenfalls im früheren Kuhstall, etablierte sich nach einer Idee von Lisa ein kleines Geschäft. Kleinmöbel, Geschenkartikel, Wohnaccessoires und Gartenschmuck fanden hier ihren Platz und das Interesse der Kunden. Restaurant, Geschäft, neue Halle – inzwischen erinnerte kaum noch etwas an den ursprünglichen Bauernhof. Alles hatte sich gewandelt.

Auch Enno war nicht mehr der Landwirt, als der er seinen Berufsweg vor mehr als 40 Jahren begonnen hatte. Das typische Bild des Bauern, wie man es über Jahrhunderte kannte, gab es ohnehin nicht mehr. Moderne Stall- und Ackertechnik hatte seit Beginn der Sechzigerjahre des 20. Jahrhunderts die Handarbeit in diesem Wirtschaftszweig abgelöst. Für immer größer werdende Anbauflächen und Viehbestände wurden immer weniger Arbeitskräfte benötigt. Spezialisierung und ein damit einhergehendes Hofsterben zeichneten das Bild der Landwirtschaft in den seither vergangenen Jahrzehnten. Bei Enno zog die Spezialisierung auf den Anbau und die Selbstvermarktung von Erdbeeren keinen Abbau von Arbeitskräften nach sich. Im Gegenteil – diese arbeitsintensive Kultur erforderte nach wie vor reichlich Handarbeit. Vor allem in Ernte und Verkauf wuchs die Zahl der Saisonarbeitskräfte gleichzeitig mit der Vergrößerung der Anbauflächen für die Früchte. Gerade die Konzentration auf diese Sonderkultur hatte im Laufe seines Berufslebens bei Enno Neigungen und Fähigkeiten entwickelt, die er an dessen Anfang bei sich nicht bemerkte. Seine Liebe zur Natur und die Faszination für Pferde, die ihn ursprünglich in diesen Beruf brachten, hatten sich nicht verringert, ließen aber noch genügend Platz für andere Betätigungsfelder. Die ständigen Versuchspflanzungen mit neuen Sorten, um deren Ertrag, Geschmack und Krankheitsresistenz zu erforschen, begeisterten ihn ebenso wie der kaufmännische Aspekt seines Berufes. Enno liebte es zu handeln. Im Gegensatz zu Landwirten, die sich mit dem konventionellen Getreideanbau oder der Tierhaltung befassten und sich die Preise weitgehend diktieren lassen mussten, konnte er die Preise seiner Produkte selbst bestimmen. Dazu gehörte zielgerichtetes Marketing und die entsprechende Medienpräsenz. Auch dafür zeigte Enno Talent und Begeisterung. Ein weiterer wichtiger Bestandteil seiner Arbeit war die Lösung logistischer Fragen geworden. Die Planung der Pflücker, Verkäufer und Fahrer und die Etablierung neuer Verkaufsstandorte fielen in diesen Bereich. Immer wieder mussten schnelle Lösungen gefunden werden, war Improvisationstalent notwendig, wenn es unvorhergesehene Pannen gab. All das machte für ihn seinen Beruf so überaus reizvoll. Selbstverständlich hatte er auch längst ein Team von Stammmitarbeitern in beiden Betriebsteilen um sich versammelt, die sich diese Aufgaben mit ihm teilten. Dennoch behielt Enno alle Fäden am liebsten selbst in der Hand. Nur einen Faden gab er voll und ganz an seine Mitarbeiter ab, nämlich den, an dem der Computer hing.

Der vorausgesagte Computercrash am Beginn des neuen Jahrtausends hatte sich als falsche Prognose herausgestellt. Acht Jahre später stellte sich auf der Weltbühne jedoch ein Ereignis ein, das nicht vorausgesagt, gegen das auch keine Vorsichtsmaßnahmen getroffen worden waren. Dieses Ereignis führte bereits in der gesamten Weltwirtschaft zu katastrophalen Folgen und dessen Gesamtauswirkungen sind noch nicht abzusehen. Der Bankencrashs trat im Herbst des Jahres 2008 an die Stelle des Computercrash. Wieder einmal hatten ein paar mächtige Männer das Schicksal von Millionen Menschen beeinflusst. Unmengen Geld, das ihnen nicht gehörte, hatten sie in maßloser Gier und grenzenloser Arroganz in einem Milliardenpoker verspielt. Zurück blieben bankrotte Banken, insolvente Unternehmen, Menschen, die ihre Häuser oder ihre Ersparnisse verloren hatten, und Regierungen, die verzweifelt versuchten, einen Teil des verspielten Geldes zu ersetzten. „Krise" hieß das Wort, das nun die Medien bestimmte und das in vielen Köpfen Panik auslöste.

Enno verfiel nicht in Panik. Noch zeigten sich keine Folgen der Krise, die sein Unternehmen in Gefahr brächten. Es stand auf sicheren und stabilen Beinen, dafür hatte er in den letzten Jahren gesorgt. Zusätzlich zu dem Bau- und Sanierungspaket vom Anfang des neuen Jahrtausends hatte er in den Jahren 2008 und 2009 noch einmal umfangreich in das Doppelunternehmen investiert. Je eine neue Produktionshalle in Delingsdorf und Hohen Wieschendorf, die Erweiterung des Restaurants und ein Neubau für das Wohnen und Garten-Geschäft waren Teile des Investitionsprogramms. Auch die beiden kombinierten Büro- und Wohngebäude wurden noch einmal zweckmäßig umgebaut. Sogar die Pferde bekamen ein neues Zuhause. Am Rande des Dorfes entstand eine großzügige und moderne Zucht- und Reitanlage mit großer Reithalle, zeitgemäßen Stallungen, einer Führanlage und einem Springplatz. All das lag nach wie vor in Führung und Verantwortung der exzellenten Pferdeleute Camilla und Wulf-Hinrich Hamann. So wurde auch den Pferden eine erfolgreiche Zukunft gesichert.

Mit diesen neuen Investitionen, so hoffte Enno, habe er nun alle Vorbereitungen getroffen, die nötig wären, um sein Doppelunternehmen vor den Stürmen der Krise zu bewahren. Selbstverständlich zog er bei all diesen Maßnahmen auch sein Alter in Betracht. Enno hatte inzwischen das 64. Lebensjahr erreicht. Es war nur natürlich, dass er sich Gedanken darüber machte, wie er den nun vor ihm liegenden Lebensabschnitt gestalten wollte. Er nahm sich fest vor, dass er sich aus dem Tagesgeschäft zurückziehen würde. Dies würde er seinen Mitarbeitern überlassen, auf deren Kompetenz und Enthusiasmus er bauen konnte. Er selbst würde weiter die grundlegende strategische Ausrichtung des Unternehmens mitgestalten und verantwortlich entscheiden.

Schritt für Schritt wollte er sich zurückziehen aus dem Unternehmerleben, um sich endlich wieder den Pferden widmen zu können. So wie früher Stallluft zu schnuppern und zu reiten, das war sein Traum. Immer wenn er sich in Hohen Wieschendorf aufhielt, wurde auch der Wunsch ganz stark lebendig, doch noch endgültig an diesem Ort zu leben. All das bestimmte seine Vorstellungen von der Zukunft. Aber er war kein Prophet, der die Zukunft voraussagen konnte. Die weltweite Finanzkrise beschäftigte auch Enno gedanklich in den Momenten, in denen er zur Ruhe kam. Dann kreisten die Phantasien in seinem Kopf. Er konnte es nicht verhindern, Parallelen zu den Schicksalen seiner Vorfahren zu ziehen. Drei Generationen seiner Familie war durch politische Entscheidungen das Lebenswerk zerstört worden. Könnte es möglich sein, dass nun in Folge der Finanzkrise wieder Entscheidungen getroffen werden würden, durch die ihn das gleiche Schicksal treffen konnte?

Epilog
oder
Von Erdbeeren und Menschen

Rot, rund, süß, saftig – es gibt wohl kaum jemand, der mit der Erdbeere keine positiven Assoziationen verbindet. Sie gilt als Königin unter den Früchten, als Inbegriff für Geschmack und Aroma. Fragaria – die Duftende lautet ihre lateinische Bezeichnung. Man kann sie frisch vom Feld essen oder in unzähligen zubereiteten Varianten genießen. Schon seit der Steinzeit steht sie auf der Speisekarte der menschlichen Ernährung. Sie war jedoch nur als wild wachsende Walderdbeere bekannt. Mit der Einführung der amerikanischen Arten in Europa im 18. Jahrhundert wurde sie zunächst in botanischen Gärten kultiviert und erlangte später weite Verbreitung.

Dass ich mich als Landwirt der Erdbeere widme, habe ich meinem Vater zu verdanken. Er war einer der Pioniere des feldmäßigen Erdbeeranbaus in Norddeutschland. Er wagte das Risiko des Neuen. Ich profitiere heute von seiner Risikobereitschaft. Ohne diesen Grundstein, den mein Vater in seinem Landwirtschaftsbetrieb legte, wäre mein beruflicher Werdegang als Landwirt wahrscheinlich ganz anders verlaufen. Aber darüber kann ich nur mutmaßen. Vollkommen sicher bin ich, dass die Erdbeere die Grundlage für den wirtschaftlichen Erfolg meines Unternehmens bildet. Ohne diesen Erfolg wäre es nicht möglich gewesen, die finanziellen Risiken des Rückkaufs und Wiederaufbaus unseres Familiengutes in Hohen Wieschendorf zu tragen.

Die Erdbeere und der Name Glantz sind im Laufe der Zeit zu einer untrennbaren Paarung im Hamburger Raum und in der Region Westmecklenburg geworden. 200 unserer roten Riesenerdbeeren stehen in der Saison vor Einkaufszentren, Supermärkten oder in Fußgängerpassagen. Aber welcher unserer Kunden, der sich von dort seine Erdbeeren mit nach Hause nimmt, ahnt schon, welch interessanten Lebensweg diese Frucht bereits beschritten hat? Oder wer macht sich Gedanken darüber, wie viele Köpfe beziehungsweise Hände sich zuvor um sie gekümmert haben?

Viele unserer Früchte kommen aus der Kälte. Ihre Mutterpflanzen haben den ganzen Winter im Kühlhaus zugebracht. Bei einer konstanten Temperatur von -2 Grad Celsius werden sie dort in eine Art künstlichen Winterschlaf versetzt. Man nennt sie Frigo-Pflanzen. Wenn sie im Mai aus dem Schlaf geholt und auf den Acker gepflanzt werden, zeichnen sie sich durch ein besonders schnelles Wachstum aus. Schon nach sechs bis acht Wochen tragen sie die ersten Früchte. Die konventionelle Methode der Pflanzung im August und der Ernte im darauf folgenden Jahr praktizieren wir ebenfalls. Zwischen Pflanzung und Ernte beziehungsweise Verkauf liegen allerdings noch etliche Etappen. Die künstliche Beregnung ist für das Wachstum der wasserliebenden Erdbeere eine Grundvoraussetzung. Neben dem Wasser benötigt sie laufende Zuwendung. „Familienanschluss" nennen wir das. Ständig sind wir deshalb auf den Feldern und kümmern uns darum, dass Schädlinge keine Chance haben, unsere Pflanzen zu beeinträchtigen. Unkraut- und Pilzbekämpfung stehen an erster Stelle. Aber es gibt auch Tiere, die der Erdbeere schaden können. Die rote Spinne beispielweise saugt mit Vorliebe den Saft aus den Erdbeerblättern. Weil sie aber sehr klein ist, benötigen wir eine Lupe, um sie zu erkennen. Wenn wir sie entdeckt haben, ist schnelles Handeln nötig, denn dieses winzige Tierchen vermehrt sich in rasender Geschwindigkeit. Es sind aber nicht nur die Schädlinge, die unseren Pflanzen zu schaffen machen. Da ist auch das Wetter, das eine entscheidende Rolle für das Wachstum und die Reife unserer Früchte spielt. Um eine möglichst frühe Ernte zu erreichen, decken wir die Pflanzen im noch kalten Frühjahr mit Folie ab. Sobald sich die ersten Blüten zeigen, heißt es, die Folie wieder abzunehmen, denn die Blüten brauchen zur Bestäubung den Wind. Fallen dann die Temperaturen, brauchen die Pflanzen wieder ihre schützende Decke. Mehrmaliges Auf- und Abdecken ist bei bestimmten Wetterlagen an der Tagesordnung. Irgendwann zwischen Mitte und Ende Mai ist es dann soweit, dass wir mit der Ernte beginnen können. Jetzt wird es richtig spannend. Sind die Pflücker einsatzbereit? Haben wir das Verkaufspersonal entsprechend geplant? Ist auf die Fahrer und Fahrzeuge Verlass? Vor jeder Saison versuchen wir möglichst alle Zwischenfälle auszuschließen. Dennoch passiert immer wieder etwas Unvorhergesehenes. Aber gerade das macht unsere Arbeit so interessant. In den ersten Wochen der Saison herrscht in beiden Betriebsteilen eine enorme Anspannung. Jeder Mitarbeiter des Stammpersonals ist hochkonzentriert. An einen Arbeitstag von acht Stunden denkt dann niemand mehr. Alle wissen, dass besonders jetzt ihr höchstes Engagement gefordert ist. Immerhin kommen alles in allem

1500 Saisonarbeitskräfte, darunter 500 Verkäuferinnen in zwei Schichten zum Einsatz. Nicht zu vergessen die Technik, für deren pannenfreies Funktionieren wir zu keiner Zeit eine Garantie erwarten können. Aber all das gehört dazu. Es bestimmt das Leben auf dem Erdbeerhof Glantz – in Delingsdorf und in Hohen Wieschendorf.

Wenn vom Erdbeerhof Glantz die Rede ist, steht dahinter mein Name. Aber er steht nur stellvertretend für viele Namen und Mitarbeiter. Ohne diese engagierten und zuverlässigen Mitarbeiter würde keine einzige Erdbeere heranreifen, geschweige denn geerntet werden. Ohne diese Mitarbeiter wäre die Wiedergeburt unseres Familiengutes Hohen Wieschendorf nicht in dieser Form geglückt. Ohne diese Mitarbeiter würde das Unternehmen nicht den Stellenwert und Bekanntheitsgrad besitzen, den es sich im Laufe der fast 50 Jahre seines Bestehens erworben hat.

Solange ist natürlich niemand von unserem Team dabei. Meine Eltern ackerten noch allein, bekamen aber in Hoch- und Erntezeiten Hilfe von ihren Kindern. Daneben unvergessen Hannes Rex, der schon als Gespannführer bei meinem Großvater arbeitete. Zu meinen Mitarbeitern der frühen Jahre gehörten meine Schwester Dürten Untiedt als eine der ersten Erdbeerverkäuferinnen und mein Schwager Claus-Hinrich Untiedt. Mit ihm zusammen habe ich den Betrieb nach seiner ersten Erweiterung ab 1976 geführt. Er war auch maßgeblich an den Aufbauarbeiten in Hohen Wieschendorf beteiligt, ist dafür täglich von Delingsdorf gependelt. Umgekehrt scheuten sich auch die ersten Mitarbeiter aus Hohen Wieschendorf nicht, nach Delingsdorf zu pendeln, wenn es notwendig wurde. Was hätte ich ohne den Enthusiasmus von Horst Hermann dort angefangen? Er hat mich bis zu seinem Eintritt ins Rentenalter begleitet. Inzwischen unterstützen mich die beiden Kinder von Horst Hermann im Hohen Wieschendorfer Betrieb. Astrid Kukula sorgt in der Buchhaltung dafür, dass die Zahlen stimmen. Ihr Bruder Thomas Hermann kümmert sich als Schlosser um die Technik. Hartmut Bangel, Rudi Gürtler und Marcus Piel gehören ebenfalls zum lebenden Inventar von Hohen Wieschendorf. Alle drei sind maßgeblich am Erfolg dieses Betriebsteiles beteiligt. Mein Betriebsleiter dort ist von Beginn an Jan van Leeuwen. Frisch von der Uni in Kiel gekommen, musste er sich in einem ganz neuen Metier und in einer neuen Landschaft durchbeißen. Mittlerweile ist er ein alter Erdbeerhase und möchte nicht mehr weg aus Hohen Wieschendorf. Ebenfalls schon beim Aufbau des Gutes dabei und bis heute eine Schlüsselfigur im Unternehmen ist Thies Albers. Er war mein letzter Lehrling und ist ein Allroundtalent. Erdbeeren, Technik oder Bauarbeiten – er hat für jedes Gebiet eine Begabung und tüftelt für jedes Problem eine Lösung aus. Was würden wir ohne ihn machen? Ein weiterer langjähriger Begleiter und unentbehrlicher Organisator ist Jörg Meyer. Als Erntehelfer hat er vor vielen Jahren in Delingsdorf sein Studium mitfinanziert. Er ist bei uns geblieben. Büroorganisation und Personalmanagement sind seine Gebiete. Mit seinem Talent für Marketing und Werbung rückt er unser Unternehmen immer wieder ins Licht der Öffentlichkeit. Ebenfalls schon viele Jahre bei uns und unverzichtbar sind Silke Meier und Jürgen Ritscher. Mein Neffe, Dietrich Untiedt, hat sich auch schon als Schüler bei uns sein Taschengeld verdient. Derzeit ist er für die Vertriebsorganisation und diverse andere Aufgaben im Management zuständig. Neben all diesen mit Namen genannten Mitarbeitern gibt es noch viele andere, ohne die wir ebenfalls hilflos wären. Selbstverständlich kann ich hier auch nicht alle polnischen Saisonarbeiter aufzählen. Viele von ihnen kommen schon seit 20 Jahren immer wieder zu uns und sind mit ihrem besonderen Geschick für die Erdbeerernte unersetzbar. Auch sie sind aus unserer großen Firmenfamilie nicht wegzudenken.

Ich bin froh, dass ich diese wunderbare Mannschaft um mich versammeln konnte. Gemeinsam haben wir in all den Jahren Höhen und Tiefen durchschritten, wir haben gesät und geerntet, wir haben aufgebaut und sind gewachsen. Gemeinsam haben wir viel erreicht und den Namen Glantz bekannt gemacht.

Enno Glantz

Recht und Gerechtigkeit im Widerstreit

Ein Gespräch zwischen Heike Weiberg und Enno Glantz zur Entstehung des vorliegenden Buches

Herr Glantz, was hat Sie dazu veranlasst, mit mir gemeinsam dieses Buch zu schreiben?

Da spielten mehrere Faktoren eine Rolle. Ich bin jetzt 65 Jahre alt und da denkt man schon mal darüber nach, Bilanz zu ziehen. Mich hat immer die Geschichte meiner Familie interessiert, die ich aus Erzählungen und Aufzeichnungen meines Großvaters und meines Vaters kannte. Die beiden und auch mein Urgroßvater, von dem es leider keine ausführlichen Memoiren gibt, waren Landwirte und Unternehmer. Jeder von ihnen war auf seinem Gebiet sehr erfolgreich, bis ihnen ihre wirtschaftliche Grundlage durch die Auswirkungen der Inflation und durch Enteignung entzogen wurde. Darüber habe ich oft nachgedacht. Das ist ja eine philosophische Frage, die sich stellt, wenn man die Ohnmächtigkeit des Einzelnen innerhalb bestimmter Machtgefüge betrachtet. Das einmal darzustellen, hat mich interessiert, selbstverständlich ohne darauf Antworten geben zu können. Ebenso wollte ich das Leben auf einem Gutshof schildern, abseits von Klischees wie „Großagrarier" oder „Junker", die immer noch in einigen Köpfen kursieren. Meine Vorfahren könnte man mit dem heute üblichen Begriff „Mittelständler" bezeichnen. Sicher gingen sie mit ihren Mitarbeitern nicht so taktvoll um, wie es heute üblich ist. Es herrschte oft ein ziemlich rauer Ton auf so einem Gutshof. Aber es entsprach ihrem Wertegefüge, sich sozial verantwortlich für diese Mitarbeiter und deren Familien zu fühlen. Das ist gegenwärtig bei vielen Unternehmern leider nicht mehr der Fall. Wie wir alle wissen, geht es in vielen Unternehmen nur noch um Gewinnmaximierung. Der einzelne Mitarbeiter spielt dabei nur noch als Kostenfaktor eine Rolle.

Ihre Vorfahren haben Sie also sehr beeindruckt. Denken Sie, dass Ihre familiäre Prägung einen Einfluss auf Ihre eigene Entwicklung hatte?

Man ist im Laufe seines Lebens vielen Einflüssen ausgesetzt, von denen einige sicher prägend sind. Aber die grundsätzlichen Werte stammen aus der Familie. Landwirt zu sein, auf eigener Scholle zu leben und zu arbeiten als ein freier Mann, das ist die Familientradition, in der ich aufgewachsen bin, obwohl mein Vater in der Zeit meiner Kindheit angestellter Verwalter eines Staatsgutes war. Darunter hat er immer gelitten. Dieser Umstand, der für ihn sehr unbefriedigend war, hat in mir den Wunsch, selbstständiger Landwirt zu sein, wahrscheinlich noch verstärkt. Es hat auch meinen Ehrgeiz angestachelt, alles, was mein Vater in seinen letzten 11 Berufsjahren als selbstständiger Landwirt erreicht hat, noch weiter voranzutreiben, ein kontinuierliches Wachstum des Unternehmens zu erreichen. Ein anderer Wert, der mir durch meine Familie vermittelt wurde, ist korrektes unternehmerisches Handeln. Die Verantwortung, die meine Vorfahren für ihre Mitarbeiter getragen haben, empfinde ich ebenfalls als einen Wert, den es zu erhalten gilt. Als Unternehmer und Eigentümer habe ich auch eine soziale Verpflichtung meinen Mitarbeitern gegenüber.

Sie sind Eigentümer von Grund und Boden. Welchen Stellenwert hat dieses Eigentum für Sie als Landwirt und Unternehmer?

Für keine Berufsgruppe in der Bevölkerung hat das Eigentum an Grund und Boden so einen hohen Stellenwert wie für uns als Landwirte. Das Land ist unser primäres Produktionsmittel, es ist keine Kapitalanlage, sondern unsere einzige Erwerbsgrundlage. Mit dem Entzug des Eigentums an Grund und Boden geht gleichzeitig unsere Erwerbsgrundlage verloren. So ist es meinem Großvater und meinem Vater passiert.

Eine wichtige Aussage unseres Buches betrifft das Ausgeliefertsein des Einzelnen gegenüber politischen Entscheidungen. Dabei geht es zum einen um die Enteignungen überhaupt und zum anderen um die Ungleichbehandlung der in der damaligen sowjetischen Besatzungszone enteigneten Landwirte gegenüber denen, die nach der Gründung der DDR enteignet wurden.

Das ist ein Thema, das mich schon seit der deutschen Wiedervereinigung und der Rückkehr auf unser Familiengut beschäftigt. Ich gehöre durch Erbgang zu den sogenannten Alteigentümern, die 1945 ausschließlich aus politischen Gründen vertrieben wurden und deren Land in der Bodenreform aufgegangen ist. Die Bodenreform rückgängig zu machen, hat der Einigungsvertrag zwischen der BRD und der damaligen DDR ausgeschlossen, nicht aber eine Wiedergutmachung als Rehabilitierung der Enteigneten. Es ging keinesfalls darum, den Neubauern oder deren Erben das aus der Bodenreform erhaltene Land wieder wegzunehmen. Alle Grundstücke, die zur Wendezeit auf den Namen der Neubauern im Grundbuch eingetragen waren, mussten selbstverständlich eigentumsrechtlich unantastbar sein. Ansonsten würde altes Unrecht durch neues ersetzt. Für eine mögliche Rückgabe konnten nur Länderein zur Disposition stehen, die sich im Staatseigentum befanden. Ich empfinde es nur als äußerst ungerecht, dass wir als Enteignete der damaligen sowjetischen Besatzungszone keinen Anspruch auf Rehabilitierung haben. Das ist eine augenfällige Ungleichbehandlung gegenüber den in der schon bestehenden DDR Enteigneten. Diese erhielten ihr damaliges Eigentum zurück. Es geht mir darum, dass alle Enteigneten mit gleichem Maß gemessen werden. Zwanzig Jahre nach dem Mauerfall gibt es einen breiten Konsens, dass es keinesfalls eine Vorbedingung der Sowjetunion für den deutschen Einigungsvertrag war, dass die Enteignungen während der Besatzungszeit von 1945–1949 nicht rückgängig gemacht werden dürften. Ich war persönlich dabei, als Herr Gorbatschow diese Behauptung der damaligen Bundesregierung im Berliner Kongresszentrum an Eides statt widerlegte. Es war vielmehr ein wichtiges politisches Kalkül der damaligen Bundesregierung für deren Machterhalt, die Enteignungen von 1945–1949 nicht rückgängig zu machen. Es ging dabei im Wesentlichen um zwei Themenbereiche:

Wichtige Persönlichkeiten aus dem Finanz- und Wirtschaftsbereich und insbesondere der damalige Kanzlerkandidat der SPD, Herr Lafontaine, erhoben im Wahlkampf 1991 schwere Bedenken bezüglich der Finanzierung der deutschen Einheit. Sie vermuteten, der Staatshaushalt würde zusammenbrechen. Da der überwiegende Teil der Landwirtschaft und Industrie bis 1949 enteignet wurde, war es wichtig, diese Vermögen in staatliches Eigentum zu bekommen, damit man mit einer Gegenfinanzierung für Kosten der Einheit argumentieren konnte.

Die sogenannte Boden- und Industriereform wurde den DDR-Bürgern sehr massiv und intensiv als einer der größten Erfolge und Errungenschaften des staatlichen Handelns dargestellt. Daher war zur Wendezeit bei vielen Bürgern der DDR eine positive Grundhaltung zur Bodenreform vorhanden. Die damalige Bundesregierung war daher der festen Überzeugung, dass der Bundestagswahlkampf 1991 bei Rücknahme der Boden- und Industriereform in den neuen Bundesländern nicht zu gewinnen war.

Bei dieser brisanten Sachlage für den politischen Machterhalt hat man Argumente und Strategien entwickelt und durchgesetzt, um die Boden- und Industriereform nicht rückgängig machen zu müssen. Damit wurde auch eine Rehabilitierung der Alteigentümer ausgeschlossen.

Diese Rehabilitierung wäre für Sie nicht nur in materieller Hinsicht vernünftig und gerecht, sondern hat auch moralische Bedeutung?

Für alle unmittelbar Betroffenen spielt die moralische Seite eine wichtige Rolle. Ich weiß, wie sehr mein Vater und mein Großvater darunter gelitten haben, pauschal als „Kriegsverbrecher“, „Ausbeuter“ oder „Saboteure“ abgestempelt worden zu sein. Sie wurden regelrecht kriminalisiert und wären mit der gesamten Familie verhaftet worden, wenn sie nicht vorher gewarnt worden wären. Was das für die Familien bedeutet haben mag, die nie ein Gesetz verletzt haben, Hals über Kopf vor der Staatsmacht flüchten zu müssen wie Schwerverbrecher, kann man sich als Außenstehender nur ungefähr vorstellen. Aber es muss eine ziemlich demoralisierende Wirkung gehabt haben. Deshalb wäre aus meiner Sicht eine nachträgliche Rehabilitierung unserer Familien von Seiten der Politik eine dringliche Angelegenheit. Es ist offenkundig, dass in dieser Hinsicht Recht und Gerechtigkeit weit auseinanderklaffen.

Die getroffenen Entscheidungen bezüglich der Alteigentümer haben sicherlich nicht nur moralische Aspekte, sondern auch erheblich ökonomische Konsequenzen?

Die politische Entscheidung, die Bodenreform nicht rückgängig zu machen, hat in den neuen Bundesländern insbesondere in den ländlichen Regionen zu gravierenden negativen Fehlentwicklungen geführt. Der Motor für eine vielfältige und positive wirtschaftliche Entwicklung war und ist in unserem Lande der Mittelstand. Insbesondere der landwirtschaftliche Unternehmer ist, bedingt durch die oft über Jahrhunderte gefestigten Familientraditionen, tief wirtschaftlich und emotional mit seinem Standort verbunden und ist damit ein Garant für eine positive Wertschöpfung.

Als Beteiligter und Zeitzeuge möchte ich zu Protokoll geben, dass in den vertriebenen Familien eine überwältigende emotionale Bereitschaft bestand, die alten Familienbetriebe wieder aufzubauen, insbesondere auch große finanzielle Risiken einzugehen. Gescheitert ist dies daran, dass bedingt durch den Entzug des Vermögens (welches in der Regel über Jahrhunderte von Generation zu Generation aufgebaut wurde) die Kapitalkraft der Familien nicht ausreichte, um zunächst den „eigenen Besitz" zu kaufen, dann zu renovieren und letztendlich in die Zukunft zu investieren. Es ist versäumt worden, diese emotional und innovativ hoch motivierten Unternehmer am „Aufbau Ost" zu beteiligen. Es reicht eben nicht aus, vorwiegend einen Kapitaltransfer in die neuen Bundesländer zu leisten. Wichtiger sind bodenständige, ehrgeizige, mit der Region verwurzelte Unternehmer. Ich möchte an dieser Stelle nicht missverstanden werden. Selbstverständlich gab es auch zahlreiche erfolgreiche ortsansässige Betriebsgründer, die in der Region positive Entwicklungen ausgelöst haben. Gleichwohl hätte die Rückkehr des von 1945 bis 1990 ausgegrenzten Mittelstandes einen gewaltigen Investitionsschub in unseren Städten und Dörfern zur Folge.

Auch die aktuelle Boden- und Strukturpolitik in den neuen Bundesländern berücksichtigt in keiner Weise die Interessenlage und die damit verbundene positive Entwicklung unserer mittelständischen Unternehmen. Insbesondere in der derzeitigen schweren Wirtschaftskrise ist eine Diskussion über notwendige Korrekturen bezüglich der Förderpolitik und den gesetzlichen Rahmenbedingungen in der Mittelstandspolitik von großer Bedeutung.

Trotz dieser Ungerechtigkeit im materiellen und moralischen Sinn haben Sie, Herr Glantz, den Familienbesitz zurückgekauft. Was hat Sie dazu veranlasst?

Die Wende und die Wiedervereinigung in den Jahren 1989/90 waren einer der unvorhergesehenen, aber schönsten Abschnitte im historischen Ablauf des 20. Jahrhunderts für unser Land. Als die innerdeutsche Grenze geöffnet wurde, fuhren wir sofort nach Hohen Wieschendorf. Für mich selbst überraschend war meine emotionale Reaktion. Ich wollte sofort zurück. Die innere Bindung an diesen Besitz war so intensiv, als ob er meiner Familie nie entzogen worden wäre. Das lag wahrscheinlich auch daran, dass dieses Gut immer einen maßgeblichen Platz in den Gesprächen und Erinnerungen meiner Eltern und Großeltern eingenommen hat. Mein Entschluss stand deshalb von einer Stunde auf die andere fest: Hier engagiere ich mich. Gewiss spielte dabei auch die Hoffnung eine Rolle, dass die Enteignungen von 1945 rückgängig gemacht würden, wie viele Politiker der Bundesrepublik immer wieder versprochen hatten. Aber ausschlaggebend war diese Perspektive für mich nicht. Ich wollte ganz einfach heimkehren zu den Wurzeln meiner Familie. Auch im Abstand von 20 Jahren zu den nun schon historischen damaligen Ereignissen bleibt die Emotionalität unserer Heimkehr nach Hohen Wieschendorf ein unvergessliches Erlebnis. Es bedeutet gleichzeitig eine tiefe Befriedigung über die Korrektur eines für unumkehrbar gehaltenen Verlustes. Insbesondere für meine Eltern war diese Zeit von einem zutiefst aufwühlenden, glücklichen und befriedigenden Gefühl geprägt. Im Rückblick kann ich behaupten, dass die Gründerjahre von 1990 bis 1995 in Hohen Wieschendorf die intensivsten – im Negativen wie im Positiven – Jahre meines Lebens waren. Es war gleichzeitig der innovativste und schönste Lebensabschnitt.

Wir feiern in diesem Jahr das sechzigjährige Bestehen unseres Grundgesetzes. Wie kritisch sehen Sie die immer zahlreicher werdenden Grundgesetzänderungen, wie zum Beispiel im Falle der sogenannten Alteigentümerfrage?

Unser Grundgesetz ist ein hohes und bewährtes Rechtsgut, welches nicht durchlöchert werden darf. Insbesondere nicht, um einen aus der aktuellen Sichtweise vermeintlich wichtigen politischen Tatbestand zu realisieren. Um die Verhinderung der Rückgabe unseres Eigentums und die strafrechtliche Rehabilitierung der Betroffenen verfassungsrechtlich wasserdicht zu machen, mussten zwei der elementarsten Grundrechte unseres Grundgesetzes speziell für die Betroffenen außer Kraft gesetzt werden. Es handelt sich um den Schutz des Eigentums und die Gleichheit vor dem Gesetz. Im historischen Abstand von nahezu 20 Jahren zu den damaligen Entscheidungen wäre es wünschenswert, dass es zu einer Wertediskussion in dieser Sache kommt. In einer solchen Diskussion sollte es nicht um Schuldzuweisungen gehen, sondern um eine Standortbestimmung unserer politischen Entscheidungsträger, inwieweit es moralisch vertretbar ist, entscheidende Grundrechte durch eine Grundgesetzänderung für eine Minderheit außer Kraft zu setzen, – nur um eine bessere Ausgangslage zum politischen Gegner zu bekommen.